## Erziehung



## Ernährung



## Gesundheit



## KINDER SPEZIAL



## Serviceseiten

# Die Katze auf einen Blick

Eine 12 Wochen alte Katze ist kaum 25 cm groß. Auch ausgewachsen ist sie der Tiger, den sogar ein Kind auf den Arm nehmen kann. Sie bleibt selbst lebenslang Kind – mit dem Verlangen nach Geborgenheit und kindlichen Spiel- und Schmusebedürfnissen.

*Eine Handvoll Katze.*

## Die Katze in Stichworten

| | |
|---|---|
| Wesen | neugierig, eigenwillig, oft verschmust |
| Pflege | ab und zu (Langhaarkatzen täglich) bürsten |
| Bedürfnisse | Revier durchstreifen, jagen, Krallen wetzen |
| Wohnungshaltung | problemlos, wenn häufig mit der Katze gespielt wird und eine Kratzgelegenheit vorhanden ist |
| Preis | Hauskatzen meist kostenlos oder gegen Schutzgebühr, Rassekatzen ca. 500 bis über 1000 Mark |
| Kosten | ca. 700 Mark pro Jahr (Futter, Streu, Tierarzt) |
| Lebenserwartung | 15 Jahre und mehr |

## Katze und Kinder

Schon aufgrund der ungleichen Größen- und Kräfteverhältnisse muss man mit Katzen behutsam umgehen. Kleine Kinder können das oft noch nicht. Nehmen Sie also erst ein Kätzchen in die Familie auf, wenn Ihr Kind verständig genug ist – Experten empfehlen 8 Jahre als Mindest-«Einstiegsalter«.

Wird in einem »Katzen-Haushalt« ein Baby erwartet, gibt es keinen Grund zur Sorge: Die Katze akzeptiert das neue Familienmitglied problemlos, wenn sie weiterhin rücksichtsvoll und aufmerksam behandelt wird. Dass man andererseits Tiere und Kleinstkinder nicht miteinander allein lassen sollte, ist selbstverständlich.

Brigitte Eilert-Overbeck

# Katzen-kinder

Aufzucht

Pflege

Erziehung

Erste Hilfe

## Quick-Info



## Aufzucht



## Einzug

## Das müssen Sie wissen

| | |
|---|---|
| Die Katze betrachtet Ihre Wohnung als ihr Revier → | Erteilen Sie nur wenige Verbote, setzen diese jedoch konsequent, aber freundlich durch |
| Sie langweilt sich, wenn sie den ganzen Tag allein ist → | Halten Sie lieber von Anfang an zwei Katzen |
| Sie braucht menschliche Zuwendung → | Nehmen Sie sich täglich Zeit zum Spielen und Schmusen |
| Katzen schätzen ein »Korsett« aus Gewohnheiten → | Halten Sie weitgehend feste Fütterungszeiten ein und schaffen Sie »Rituale« – z. B. vor dem Schlafengehen fünf Minuten spielen |
| Von Urlaubsreisen halten die meisten Katzen überhaupt nichts → | Besorgen Sie sich für die fragliche Zeit einen Cat-Sitter (Nachbarn, Freunde). Ideal, wenn er so lange in die Wohnung zieht |
| Kätzchen spielen mit allem, was sich bewegt und bewegen lässt → | Bringen Sie Zerbrechliches und potenziell Gefährliches in Sicherheit |
| Auch gesunde Katzen müssen zum Tierarzt → | Mit Schutzimpfungen, Zahnstein- und Ohrenkontrolle können Sie vielen Krankheiten und Beschwerden Ihres Hausgenossen vorbeugen |

*Ist die Katze gesund, freut sich der Mensch ...*

# Katzenbabys brauchen Ruhe und Geborgenheit

Katzenbabys sind echte »Muttersöhnchen« (und »-töchterchen«). In den allerersten Wochen tun Sie das Beste für ihre Entwicklung, wenn Sie es der Mutter so bequem wie möglich machen und sich ansonsten im Hintergrund halten.

## Was Mutter und Kinder mögen

- **Sanftes Dämmerlicht, gleichmäßige Wärme und Schutz vor Zugluft:** je mehr die Katzenkinderstube einer Höhle gleicht, desto geborgener fühlt sich die Familie. Platzieren Sie das Lager unter einem großen Tisch, wenn Sie keinen eigenen Raum oder eine geeignete Ecke zur Verfügung stellen können.
- **Futter:** In den ersten vier Wochen ist allein die Katzenmutter für die Ernährung der Kleinen zuständig. Sie braucht jetzt besonders hochwertiges Futter, am besten auf vier (statt der üblichen zwei) Mahlzeiten verteilt.
- **Schutz:** Eine etwa 60 cm hohe Sperrholzbarriere vor dem »Kindergarten« schützt vor unfreiwilligen oder gefährlichen Ausflügen.

## Was Sie vermeiden sollten

- **Störungen:** Lassen Sie in den allerersten Wochen nur wenige Besucher am Nest zu und bitten Sie auch die, sich still zu verhalten. Bei anhaltenden Störungen verschleppt die Katzenmutter den Nachwuchs in ein (vermeintlich) sichereres Lager. Vermeiden Sie aus dem gleichen Grund auch Lärm.
- **Verunsicherung:** Bis zur dritten Lebenswoche orientieren sich Kätzchen primär über den Geruch. Auf »Bettwäsche-Wechsel« im Lager sollten Sie deshalb verzichten.

*Beim Säugen der Babys will die Mama ungestört sein.*

# Vom Kleinkind zum Halbstarken

Von der vierten Lebenswoche an wird aus dem Katzenbaby ein Kleinkind. Bis es mit etwa drei Monaten zum »Halbstarken« geworden ist, sollte es mit dem Menschen Freundschaft geschlossen haben. In dieser »sensiblen Phase« werden die Weichen dafür gestellt.

## Wie Sie die Menschenbindung stärken

- **Kontakt:** Streicheln Sie die Katzenkinder öfter, nehmen Sie die Kleinen auf die Hand, sprechen, schmusen und spielen Sie mit ihnen. Bringen Sie ihnen auch mal Spielzeug-«Beute« mit.
- **Füttern:** Von der 5. Woche an wird zugefüttert. Faustregel: Anfangs die Tagesmenge auf 6 kleine Mahlzeiten verteilen, jeden Monat eine Mahlzeit weniger (s. auch S. 44/45).

## Worauf Sie achten müssen

- **Spätestens jetzt** muss die Wohnung **katzensicher** gemacht sein (s. auch S. 24/25). Wo Katzenkinder herumwuseln, empfiehlt es sich, vorsichtshalber zu »schlurfen«. Türen vorsichtig schließen.
- **Katzenkinder brauchen viel Schlaf.** Also – keine schlafenden Kätzchen wecken, die Tiere nach den Mahlzeiten in Ruhe lassen.
- **Klo-Kistchen** mit flachem Rand – in gebührender Entfernung von den Näpfen aufstellen.
- **Mit Kordeln und Schnüren** dürfen Kätzchen nur unter Aufsicht spielen – sie könnten sich sonst »verstricken«.
- **Notwendige Impfungen** (s. auch S. 48/49) nicht versäumen.

## Ciao, Mama!

Trennen Sie Kätzchen nicht vor der 12. Woche von ihrer Mutter. Erst dann haben sie eine wirklich gute »Kinderstube« und finden sich problemlos in der neuen Familie zurecht.

*Solch ein kleines Katzenkind gehört unbedingt noch einige Zeit in die Obhut seiner Mutter.*

# Aus Kätzchen werden Katzen

Katzen sind mit etwa 2, Kater oft erst mit ca. 3 Jahren voll ausgewachsen. Doch schon im ersten Jahr werden sie zu »jungen Erwachsenen« mit veränderten Bedürfnissen.

## Das hält die Katze jung und fit

- **Spielen** (s. auch S. 38/39): Fitness- und Intelligenztraining in einem. Besonders wichtig für Wohnungskatzen.
- **Ernährung:** Allmählich (bis zum 7. Monat) können die Mahlzeiten auf zwei pro Tag reduziert werden. Nach dem 8. Monat sollte kein »Junior-Fertigfutter« mehr gegeben werden – es ist zu kalorienreich.
- **Gebisspflege:** Vom 3., 4. Monat an bekommen Katzenkinder ihre bleibenden Zähne. Ab dann gelegentlich pflaumengroße Fleisch- oder gekochte Gurgelstücke mit Knorpel zum »Abarbeiten« anbieten, um Zahnstein vorzubeugen.

## Kinder lernen leichter

- An **Halsband** und **Leine** gewöhnen lässt sich Ihr Katzenkind am besten mit ca. 3 Monaten. Nicht angeleint allein lassen!
- **Erziehen** Sie Ihr Katzenkind konsequent – auch wenn es bei Unarten (z. B. Gardinenklettern) noch so niedlich aussieht.

## Tierarzt-Termine

- Mit etwa acht Monaten (Durchschnittswert) kommen Katzen und Kater in die »Pubertät«. Machen Sie mit dem Tierarzt einen Termin zur **Kastration** aus, wenn Sie nicht züchten wollen.
- Einmal jährlich muss die Katze zum **Gesundheits-Check** und zu den **Wiederholungsimpfungen** zum Tierarzt.

*»Beute« festhalten: Katzen finden immer etwas zum Spielen.*

# Die schnurrigen Senioren

Wann bei Katzen das Seniorenalter beginnt, lässt sich schwer beantworten: Manche sind noch mit 13, 14 Jahren ausgesprochen »sportlich«, andere werden schon mit 10 recht behäbig. In liebevoller Obhut fühlen sie sich aber alle wohl.

## Was betagte Tiere brauchen

- **Ernährung:** Weniger Protein, mehr Ballaststoffe. Je nach Appetit Futtermenge auf drei oder mehr Mahlzeiten verteilen. »Senioren-Fertigfutter« wird von Katzen ab 11 Jahren meist sehr gern angenommen.
- **Vorsorge:** Harnkontrolle beim üblichen Gesundheits-Check gibt Auskunft über den Zustand der Nieren. Eventuell Diät.
- **Hilfe:** Wenn die Katze sich nicht mehr mühelos überall putzen kann, öfter mal mit Bürste und Kamm nachhelfen, sonst bilden sich Filzknoten. Den Aufstieg zu den Lieblingsplätzen erleichtern.
- **Ruhe, Wärme, Sicherheit:** Keine großen Veränderungen im Tagesablauf oder in der Umgebung – Katzen-Senioren sind besonders ausgeprägte »Gewohnheitstiere«.

*Gemütliche Schlummerstündchen werden im Alter immer häufiger.*

# Vom Fellbündel zum Raubtier

**Blind, fast taub und völlig hilflos kommen Kätzchen auf die Welt. Kaum zu glauben: Aus solch einem Fellbündelchen wird einmal das höchstentwickelte Raubtier, das die Natur hervorgebracht hat. Schon im ersten Vierteljahr machen die Katzenkinder geradezu atemberaubende Fortschritte auf ihrem Weg.**

*Raubtierchens Lehrzeit: Auch geduldiges Beobachten will gekonnt sein und wird im Spiel geübt.*

Gerade mal 100 Gramm Gewicht bringt ein neugeborenes Katzenkind mit auf die Welt, ein dünnes Haarkleid und Beinchen, die nur zum Kriechen taugen. Die Kleinen sind auf Wärme von außen angewiesen, denn sie können ihre Körpertemperatur noch nicht selbst regulieren. Für den Kampf ums Dasein scheinen sie schlecht gerüstet. Tatsächlich aber haben sie eine tadellose Grundausstattung mitbekommen. Neugeborene Kätzchen orten über den Geruchs- und Tastsinn die mütterliche Milchquelle und sogar die bevorzugte Zitze, an der viele die ganze Stillzeit über festhalten.

## Lernen von Anfang an

In dieser »Zitzenpräferenz« sehen Verhaltensforscher eine sehr frühe Form des Lernens. Angeboren dagegen sind der Milchtritt – das Treten um den Milchfluss anzuregen – und das »Kreis-Kriechen«: Die Winzlinge setzen zur Fortbewegung nur die rechten oder linken Gliedmaßen ein und beschreiben so eine Spirale. Die verhindert, dass sie sich zu weit vom schützenden Lager entfernen. Durch Schreien, Quietschen und Fiepen fordern (und erhalten) hungrige oder frierende Neugeborene Mutters Zuwendung. Fauchen können sie auch schon: Zum Erschrecken möglicher Störenfriede ...

# Die ersten zwölf Wochen

**TIPP** Stellen Sie ab der 4. Woche ein zusätzliches Katzenklo mit besonders niedrigem Rand auf. Damit erleichtern Sie den Kleinen das Toilettentraining.

Bei Katzenkindern kann man fast zugucken, wie sie wachsen und ihre Fähigkeiten von Tag zu Tag entwickeln. Manche sind schneller als ihre Geschwisterchen, andere lassen sich mehr Zeit. Aber im Wesentlichen halten sich die Kleinen an folgenden »Entwicklungsfahrplan«:

## 1. Woche: Schnurr-Start

Schlafen, nuckeln und kuscheln – viel mehr tut ein Katzenkind in der ersten Woche nicht. Die anliegenden Öhrchen lassen seinen runden Babykopf noch größer wirken. Den hält es beim Krabbeln schon hoch. Vom vierten Tag an können die Kleinen schnurren, ab dem fünften Tag zeigen sie erste Reaktionen auf Geräusche.

## 2. Woche: Blick in die Welt

Zwischen dem 7. und dem 12. Tag riskieren die Kleinen den ersten Blick aus zunächst milchig blauen Baby-Augen. Langsam richten sich die Ohren auf, Geräusche werden geortet. Das Milchgebiss beginnt sich zu entwickeln: Die Schneidezähne brechen durch. Die Katzenkinder können ihre Krallen einziehen.

*Kuschel-Knäuel: Ist die Mutter nicht da, rücken die Kleinen zusammen, um die Wärme zu bewahren.*

## 3. Woche: Sehen und erkennen

Entwicklungssprung zum Augentier: Die Kätzchen können Mutter und Geschwister optisch erkennen. Hör- und Sehvermögen verfeinern sich zunehmend. Die Mini-Tiger üben Buckelmachen, kleine Sprünge, Schwanzaufplustern und den »Krebsgang«.

## 4. Woche: Forscherdrang

Die neugierigen Kleinen machen erste Ausflüge aus dem Nest. Ihre Sprünge fallen noch etwas ungeschickt aus, Spielfreude und Forscherdrang machen das jedoch wett. Die ersten Brocken Futter werden probiert. Katzenmütter mit freiem Auslauf tragen erstmals lebende Beute ins Nest. Mit dem Nahrungswechsel werden auch die ersten »Sitzungen« auf dem Katzenklo fällig. Wie man's macht, haben sich die Kätzchen abgeguckt – aber in der Übungszeit geht schon mal was daneben.

## 5. Woche: Fangspiele

Milch allein genügt nicht mehr, die Mutter stillt auch seltener als früher. Im Milchgebiss erscheinen die Eckzähnchen. Fürs Jägerleben machen sich die Kleinen mit Fangspielen fit. Weil der »Stellreflex« jetzt voll entwickelt ist (das Auf-die-Füße-fallen), werden die Katzenkinder beim Klettern und Springen zunehmend kühner. Das Sehvermögen hat sich deutlich verbessert, und die Augen sind strahlend blau.

**ACHTUNG**

In den ersten drei Wochen brauchen Kätzchen eine »Nestwärme« von ca. 30 °C. Packen Sie notfalls eine Wärmflasche unter die Decken ins Körbchen. Wenn die Mutter längere Ausflüge macht, droht den Kleinen Unterkühlung.

## 6. Woche: Katzenwäsche

Mittlerweile haben die Kätzchen ein komplettes Milchgebiss. Ganz selbstverständlich benutzen sie das Katzenklo, und jetzt fangen sie auch an, eigenständig Katzenwäsche zu betreiben. Sie wieseln und wuseln überall herum und bewegen sich von Tag zu Tag geschickter. Kätzchen, die Gelegenheit dazu haben, können schon selbst Beute erlegen.

*Mehrfach-Effekt: Lecken dient der Hygiene, regt den Kreislauf an und bringt die Verdauung in Gang.*

## 7. Woche: Spielzeug-Entdecker

Was nicht niet- und nagelfest ist, wird von den Kätzchen jetzt zur »Spielbeute« erklärt. Die Kleinen spielen auffallend häufig mit Gegenständen und balgen sich mit ihren Geschwistern. Sie belauern und beschleichen sich gegenseitig. Das »Spiel- und Sportprogramm« hält die Antriebe zur Beutejagd wach. Von der Mutter übernehmen die Kleinen ihre Nahrungsvorlieben – mag es nun Katzenfutter sein oder lebende Beute. Die Körpertemperatur ist jetzt weitgehend stabil.

## 8. Woche: Entwöhnt

In den letzten beiden Wochen wurden die Kätzchen immer seltener gesäugt; mit der 8. Woche ist die Entwöhnung meist abgeschlossen. Bei Wohnungskatzen fällt diese Phase nicht immer so eindeutig aus. Sind nur ein oder zwei Tierchen in der Kinderstube, säugt die Mutter ebenfalls oft länger. Die Balgereien mit den Geschwistern werden ruppiger.

*Was Muttern schmeckt, mögen auch die Kleinen. Das gilt für Katzenfutter ebenso wie für Beutetiere.*

## 9. Woche: Farbwechsel

Das Babyblau weicht der bleibenden Augenfarbe. Die Muttermilch versiegt langsam. Auch der Infektionsschutz, den die Kleinen von der Mutter mitbekommen haben, schwächt sich ab. Jetzt sollten die Kätzchen ihre ersten Impfungen vom Tierarzt bekommen (siehe Impfplan S. 48/49). Kater legen jetzt – im Gegensatz zu ihren weiblichen Geschwistern – deutlich an Gewicht und Größe zu.

## 10. Woche: Artisten

Die Kätzchen können nicht nur hervorragend klettern und springen, auch ihre Fähigkeit zum Balancieren ist mittlerweile voll entwickelt. Sie können auf einer schmalen Latte gehen und wenden oder über ein voll gestelltes Bord laufen , ohne etwas umzustoßen. Solange sie nicht erschreckt werden oder der Spieltrieb sie überkommt, werfen sie auch nichts herunter.

## 11. Woche: Abenteurer

Die Kätzchen werden immer unternehmungslustiger, ihr Spieltrieb ist auf dem Höhepunkt. Oftmals haben sich im Wurf Zweier-Allianzen gebildet, Kumpels, die jeden Unsinn am liebsten gemeinsam anstellen. Schön, wenn solche Tierchen aus der Katzenkinderstube gemeinsam in ihre neue Menschenfamilie umziehen können.

## 12. Woche: Schulabschluss

Wettkampf-Spiele werden seltener, das Interesse an der Beutejagd größer. Das Sehvermögen der Kätzchen ist voll ausgebildet. Sie haben jetzt von der Mutter und voneinander alles Wichtige für ein erfolgreiches Katzenleben gelernt: Sie wissen, wo man seine Geschäfte erledigt, wie man sich unter Katzen zu benehmen hat, können ihre Artgenossen verstehen und sich ihnen verständlich machen und kennen die Grundregeln des Jägerhandwerks. Sie haben gewissermaßen ihren Schulabschluss gemacht. Die Familienbande werden lockerer. Beste Zeit also für den Wechsel aus der Katzenkinderstube in die neue Menschenfamilie.

### WICHTIG

**Geben Sie Kätzchen erst ab, wenn sie zwölf Wochen alt sind. Grund: Mit der Entwöhnung von der Muttermilch ist das soziale Lernen noch nicht abgeschlossen. Kätzchen, die lange genug bei der Mutter bleiben durften, werden weitaus angenehmere Hausgenossen.**

*Wozu die Kiste gut ist, lernt ein Kätzchen schnell. Das Scharren ist ein angeborener Reflex.*

# Prägung – Lieben lernen

**ACHTUNG**

**Wenn es am Nest turbulent zugeht, sucht die Katze für ihre Kinderstube einen anderen Platz und trägt die Kleinen in ihrem Fang dorthin. Das ist mit Stress verbunden und in den ersten Wochen auch deshalb riskant, weil die Kätzchen auskühlen könnten.**

Zwischen der 3. und 7. Lebenswoche liegt die so genannte »sensible Phase«, die Zeit der Prägung. Die Eindrücke, die ein Kätzchen in diesen Wochen erhält, prägen sein Bild von der Welt und damit sein Verhalten. Wird die sensible Phase richtig genutzt, lernen die Katzenkinder Menschen zu lieben und wachsen zu anhänglichen und verschmusten Hausgenossen heran.

## Bitte nicht stören!

Wilde Katzen bringen ihren Nachwuchs im Verborgenen zur Welt: in unzugänglichen Fels- oder Baumhöhlen, wo die hilflosen Kleinen vor Feinden sicher sind. Auch unsere Hauskatzen schätzen es nicht, wenn jeder Zugriff auf das Nest hat. Notfalls beschützen sie ihre Kinder auch vor Freunden. »Bitte nicht stören« heißt die Devise vor allem in den ersten vier Wochen. Auch später müssen Besucher beachten: Boss im Nest ist allein die Katzenmutter, zeigt sie Anzeichen von »Unmut«, ist es an der Zeit, sich zurückzuziehen.

## Vertrauen schaffen

Der amerikanische Verhaltensforscher Michael W. Fox hat beobachtet, dass es zwischen der 4. und 8. Lebenswoche eine Periode gibt, während der sich Kätzchen besonders leicht mit dem Menschen sozialisieren. Vorausgesetzt, sie machen angenehme Erfahrungen mit den großen, zweibeinigen Wesen. Für Sie heißt das: Sie dürfen sich jetzt öfter am Nest sehen lassen. Auch andere Besucher dürfen die Katzenkinderstube bewundern, aber bitte nicht zu viele auf einmal.

Gehen Sie es langsam an, wenn Sie ein Vertrauensverhältnis aufbauen wollen. Begrüßen Sie die Mutter und reden Sie mit den Kleinen – Katzen und Kätzchen lieben den Klang einer ruhigen Menschenstimme. Lassen Sie die Tierchen an Ihrer Hand schnuppern, bevor Sie eines streicheln, und bitten Sie auch andere Streichler darum. Nehmen Sie die Kleinen ruhig mal hoch, setzen Sie die Tierchen aber beim geringsten Protest von Mutter oder Kind wieder sanft im Nest ab.

Bringen Sie keine Hektik mit in die Kinderstube, keinen Lärm und kein grelles Licht – das alles gehört nämlich zu den unangenehmen Erfahrungen, die Kätzchen eher scheu machen können und die es ihnen erschweren, mit unbefangener Neugier auf Menschen zuzugehen.

## Schmusen fürs Leben

Wenn Sie ab der 4. Woche regelmäßig mit den Kätzchen schmusen, spielen und sprechen (und dabei auch die Mutter nicht zu kurz kommen lassen), werden die Kleinen als Menschenfreunde heranwachsen. Das ist nicht nur für Sie angenehm.

Wenn Sie Kätzchen abgeben müssen, ebnen Sie ihnen so auch den weiteren Weg. Ein Tier, das Gutes vom Menschen erwartet, findet sich in der neuen Umgebung viel besser zurecht, als eines, das »gelernt« hat, scheu zu sein. Davon abgesehen ist es auch für die neue Menschenfamilie schön, wenn es sehr leicht gemacht wird, eine vertrauensvolle Beziehung zu den künftigen Hausgenossen aufzubauen.

### INFO

**Zur Begrüßungszeremonie gehört die »Duftkontrolle«. Das gilt nicht nur zwischen Katze und Katze, sondern auch zwischen Katze und Mensch. Wer vor dem Streicheln das Tier nicht an der Hand schnuppern lässt, begeht nach den Maßstäben des »Katzen-Knigge« einen Überfall.**

*Unschlüssig: Noch weiß das Kleine nicht so recht, was es von seiner Umgebung halten soll.*

# Lernen Sie »Kätzisch«

**TIPP** Auf den Plauderlaut »Murr« hören (und antworten) Katzen gern. Wenn er im Namen Ihres Kätzchens anklingt, lernt es schneller zu kommen, wenn Sie nach ihm rufen.

Katzen haben eine eigene Sprache aus Lauten, Mimik, Körpersprache und bestimmten Verhaltensweisen. Wer die wichtigsten Signale kennt, versteht seinen Hausgenossen besser – und versteht sich besser mit ihm. Ein kleiner Kurs in »Kätzisch«.

## Augensprache

Der direkte Blick demonstriert Überlegenheit, gilt als Vorstufe einer Angriffsdrohung. Blinzeln entspricht unserem Lächeln: Kontaktaufnahme, Beschwichtigung, Versicherung: »Ich mag dich.« Der Blinzelflirt funktioniert auch zwischen Mensch und Katze. Der starre Blick (zusammen mit verengter Pupille und spielenden Ohren) gehört zur Angriffsdrohung. Sind die Pupillen dabei geweitet, weist er auf Angst hin. Werden zusätzlich noch die Ohren angelegt, ist das als Abwehrdrohung zu verstehen: »Lass das, sonst muss ich zuschlagen«. »Umherschauen« (überall hingucken, bloß nicht zu Ihnen) wird Ihre Katze, wenn Sie mit ihr schimpfen – eine Verlegenheitsreaktion.

*Öhrchen gespitzt: Die Katze ist aufmerksam.*

## Sprechende Ohren

Mit gespitzten, nach vorn gerichteten Ohren zeigt die Katze ihre Aufmerksamkeit an. Angriffslust signalisiert sie, wenn die Ohren sich seitwärts drehen, also »spielen«. Eine verwirrte oder ängstlich-aggressive Katze drückt ihre Stimmung durch angelegte Ohren aus.

*»Ist das aufregend« sagt diese Haltung.*

## Stimmungsbarometer Schwanz

Hoch aufgerichteter Schwanz: Die Katze ist guter Dinge. Läuft sie mit erhobenem Schwanz vor ihrem Menschen her, so bedeutet das: »Komm doch mal mit« (meist in die Küche). Schwanzwedeln, -peitschen: Spannung, Erregung, Ärger. Und Warnung: »Komm mir lieber jetzt nicht zu nahe«. «Klobürste«: Wenn die Katze sich erschreckt oder wenn sie einem Gegner imponieren will, plustert sie den Schwanz ganz dick auf. Kommt noch der »Katzenbuckel« dazu, ist die Abwehrdrohung perfekt. Herabhängender Schwanz, Spitze nach oben: Die Katze ist in ausgeglichener, neutraler Stimmung. Heißt so viel wie: »Alles in Ordnung.« Zum Fragezeichen gekrümmter Schwanz: Übermut und Spiellaune. Meist in Verbindung mit Bocksprüngen.

## Körper-Signale

Köpfchen geben und stupsen ist Begrüßungsgeste und Aufforderung zum Streicheln. Präsentieren: »Respektbezeugung« mit aufgerichtetem Schwanz und hochgerecktem Po. Dazu reibt sich die Katze am Körper des Begrüßten. Kleine Kätzchen erbetteln so Futter von der Mutter. Aus dem Repertoire kleiner Kätzchen stammt auch das Treteln beim Schmusen und Streicheln (Milchtritt): Die Katze zeigt damit, dass sie sich so zufrieden und geborgen fühlt wie ein Katzenbaby bei seiner Mutter. Eine Warnung spricht die Katze dagegen aus, wenn sie die Pfote hebt: »Lass das, sonst schlage ich zu.« Rollen (auf die Seite oder auf den Rücken): Aufforderung zum Spiel oder zum Kraulen.

## Lautsprache

»Miau« sagt die Katze fast nur zum Menschen. Als Begrüßung, Forderung (»Ich habe Hunger«) oder Klage. Schnurren ist Ausdruck von Zufriedenheit und Behagen, aber auch Beschwichtigung und »Mutmacher«: Ängstliche Katzen schnurren den Tierarzt an, wenn er die Impfspritze aufzieht. Plauderlaute sind die sanften, gurrenden Töne, in denen Mutterkatzen mit ihren Jungen »reden« oder Kater vor der Paarung werben. Liebevoll gehaltene Katzen »plaudern« mit ihren Menschen. Fauchen: Abwehrdrohung. »Bleib mir bloß vom Leib, ich bin giftig und gefährlich wie eine Schlange.« Katzenmütter fauchen ihre Kleinen an, wenn die sich aus Übermut in Gefahr bringen. Spücken (ein Laut wie ein Peitschenknall): Verschärfte Abwehrdrohung, verbunden mit äußerster Erregung. Knurren: Unmutsbekundung und Warnung vor dem Angriff. Jagende Mütter schleppen die Beute knurrend ins Nest und kündigen so an, was sie mitbringen: »Maus« (harmlos) knurrt sich anders als »Ratte« (gefährlich). Ein Schnattern oder Keckern schließlich gibt die Katze von sich, wenn sie schwer erreichbare Beute sieht – etwa den dicken Brummer im Zimmer.

### Achtung

**Die Rückenlage ist bei kämpfenden Katzen auch Abwehrstellung. Beim Kraulen kann der Abwehrreflex durchbrechen: Der Schmuser kratzt plötzlich mit den Hinterpfoten. Kraulen Sie vorsichtig und nehmen Sie's nicht tragisch: War doch nicht bös' gemeint.**

*Schwänzchen hoch: »Komm mit – zum Napf«.*

# Eine Katze oder zwei?

**Ganz schön aufregend, wenn ein Kätzchen Einzug hält. Für Sie und Ihre Familie, vor allem aber für das Tier selbst. Denn es kommt zunächst in eine fremde Welt. Sie können viel tun, um es dem neuen Hausgenossen heimisch zu machen und ihm einen guten Start ins neue Leben zu bieten. Und vielleicht nicht nur ihm allein.**

*Wenn Sie gleich zwei Kätzchen aus einem Wurf adoptieren, gibt es keine Probleme mit der Verträglichkeit.*

Sicher haben Sie sich Ihren Entschluss reiflich überlegt, die Verantwortung für ein Katzenkind zu übernehmen. Schließlich binden Sie sich damit katzenlebenslang – und das können gut und gerne 20 Jahre sein. Überlegen Sie nochmal: Könnten Sie sich mit der Idee anfreunden, statt einem gleich zwei Kätzchen zu adoptieren? Im Doppelpack machen die Kleinen kaum mehr Arbeit als einzeln. Und sie haben mehr Spaß miteinander, vor allem, wenn Sie in einer Etagenwohnung leben und damit feststeht, dass Ihr vierbeiniger Familienzuwachs keinen Freilauf haben kann.

## Gesellschaft erwünscht

Katzen sind nur bedingt Einzelgänger. Wenn sie nicht gerade jagen, wissen sie Gesellschaft durchaus zu schätzen. Freilaufende Katzen versammeln sich zu bestimmten Zeiten, es gibt Katzen-Kommunen mit wechselseitiger Kinderbetreuung, und auf Bauernhöfen sieht man auch erwachsene Tiere miteinander kauern und kuscheln. Wohnungskatzen brauchen den Artgenossen im »Revier« fast noch mehr – als Partner für Sport und Spiel, gegen Einsamkeit und Langeweile. Vor allem, wenn Sie berufstätig sind, sollten Sie diesen Aspekt bedenken. Grund zur Eifersucht gibt's nicht: Als Bezugsperson sind Sie für beide die »Nr. 1«.

# Die Grundausstattung

TIPP Stellen Sie einen zweiten Trinknapf weiter entfernt vom »Katzentisch« auf. Wildkatzen ziehen nach ihrer Mahlzeit zur Wasserstelle. Hauskatzen machen es gern ebenso.

Sicher wollen Sie es Ihrem Katzenkind (oder Ihren Katzenkindern) von Anfang an heimisch machen. Sie sollten deshalb beim Einzug bereits die wichtigsten Katzen-Utensilien im Haus haben. Sie benötigen unter anderem folgende »Ausstattungsstücke«:

## Katzentisch

Katzen spielen mit ihrem Futter. Deshalb brauchen Sie als »Katzentisch« eine abwaschbare Matte oder ein großes Tablett. Darauf steht das »Essgeschirr«: mindestens ein Futternapf für jedes Tier; die Trinkschüssel können sich zwei Samtpfoten teilen. Ein Schälchen mit Katzengras gehört ebenfalls zur Grundausstattung. Es dient der Folat-Versorgung und hilft, beim Putzen verschluckte Haare zu erbrechen.

*Unentbehrlich sind Kamm, Flohkamm, Bürsten (oben) und ein stabiles Katzenklo (unten).*

## Katzenklo

Weil manche Katzen mit ihrem »Kistchen« recht heikel sind, empfiehlt es sich, gleich zwei Katzenklos anzuschaffen. Am besten eignen sich die Hartplastikschalen, offen oder mit hohem Deckel, aus dem Fachhandel. Stellen Sie die Toiletten an einem leicht zugänglichen, aber ungestörten Platz auf – und keinesfalls in der Nähe des Katzentischs. Besorgen Sie einen ausreichenden Vorrat an Katzenstreu. Es gibt sie in vielen Varianten; am besten nehmen Sie zunächst die Streu, die das Kätzchen vom ersten Heim her kennt.

## Wetzplatz

Katzen müssen ihre Waffen pflegen. Deshalb brauchen sie unbedingt einen Krallenwetzplatz – wenn nicht Ihre Polstermöbel dran glauben sollen. Es gibt im Fachhandel Luxusmodelle mit Schlafhöhle und Ausguckplattform, Sie können es aber auch einfacher haben: Mit Sisaltau umwickelte Pfosten eignen sich ebenso wie ein entsprechend bespanntes und gut befestigtes Brett oder eine an die Wand genagelte Sisalmatte. Die Konstruktion muss lediglich standfest, robust und so beschaffen sein, dass sich die Katze daran auch strecken kann.

## Transportkorb

Für die Reise ins neue Heim wie auch für spätere Reisen und Tierarztbesuche braucht die Katze ihre »Sänfte«. Am praktischsten sind die Kennels aus Hartplastik, die auch von Fluggesellschaften akzeptiert werden. Sie sind leicht zu reinigen und halten dicht – auch wenn dem Tier auf der Fahrt übel werden sollte, ihm die Aufregung auf die Blase schlägt, oder ein anderes Malheur passieren sollte.

**ACHTUNG**

**Meiden Sie Futter- und Trinknäpfe aus gelbem oder rotem Plastik-Material oder Keramikschälchen mit Bleiglasur (häufig bei Reise-Souvenirs). Beides könnte den Organismus mit Schwermetallen belasten.**

## Pflege-Utensilien

Katzen waschen sich zwar selbst den Pelz, brauchen aber je nach Fellbeschaffenheit mehr oder weniger Unterstützung bei der Fellpflege. Eine Bürste oder ein Gumminoppenhandschuh – für Kurzhaarkatzen – sollte zur Hand sein, ebenso ein Staubkamm zur Ungezieferkontrolle.

## Katzenbett

Katzen suchen sich ihren Schlafplatz selbst. Wenn Sie Glück haben, akzeptieren sie das Schlafkörbchen, das Sie ausgesucht haben. Besorgen Sie auf jeden Fall ein paar waschbare Wolldecken als Auflagen für die bevorzugten Schlaf- und Döseplätze.

*Waffenpflege: Katzen müssen kratzen. Im Fachhandel gibt es viele geeignete Objekte.*

# Die katzensichere Wohnung

Manchem Katzenkind wird sein Forscherdrang gefährlich. Sogar in den vermeintlich sicheren vier Wänden. Auch in Ihrer Wohnung gibt es Plätze, Vorrichtungen oder Gegenstände, die zu »Katzenfallen« werden können. Machen Sie einen Sicherheits-Check:

*Im Zoofachhandel gibt es leicht zu montierende Sicherungen für Kippfenster.*

## Fenster und Balkone sichern

Häufigste Verletzungsursache bei Katzen sind nach Auskunft von Tierärzten Stürze aus dem Fenster oder vom Balkon. Davor schützen Spezialnetze aus witterungsbeständigem Nylongarn (im Fachhandel). Weil sie kaum ins Auge fallen, gibt es keinen Ärger wegen »Fassadenverschandelung«. Kippfenster sind für Katzen lebensgefährlich! Sie können sich im Spalt quetschen oder strangulieren. Entweder, Sie kippen grundsätzlich kein Fenster, wenn eine Katze im Raum ist oder hinein kann, oder Sie montieren Kippfenster-Sicherungen (Fachhandel).

*Schutz und Sicherheit: Netz zum Einzäunen von Balkon und Terrasse.*

## Aussortieren, wegschließen, sichern

Sortieren Sie chlorhaltige Reiniger, phenol- oder karbolhaltige Desinfektionsmittel und Teer-Shampoos aus, ebenso lindanhaltige Mottenschutzmittel und Fliegen-Strips. Benutzen Sie Imprägniersprays nur im Freien und niemals, wenn die Katze in der Nähe ist. Halten Sie alle chemischen Substanzen und Medikamente unter Verschluss – vom Frostschutzmittel bis zum »Katerkiller« Aspirin. Ebenso sollten Sie Nadeln, Garn, Gummiringe und -bänder, Alufolie, Lametta und Klebstreifen (Gefahr für den Magen-Darm-Trakt) und Plastiktüten (Erstickungsgefahr) immer katzensicher unterbringen.

## Die grüne Gefahr

Viele Zimmerpflanzen und Freilandgewächse, die auch oft als Bestandteil von Blumensträußen oder Topfpflanzen in die Wohnung kommeK oder auf Balkon und Terrasse stehen, sind für Katzen giftig.

### Gefährliche Zimmerpflanzen (nicht vollständig):

- Aronstabgewächse, z. B. Kolbenfaden, Alokasie, Dieffenbachie, Flamingoblume, Philodendron, Monstera, Einblatt
- Wolfsmilchgewächse, z. B. Katzenschwanz, Christusdorn, Wunderstrauch, Weihnachtsstern
- Hundsgiftgewächse, z. B. Wüstenrose, Goldtrompete, Dipladenie
- Nachtschattengewächse, z. B. Browallie, Brunfelsie, Zierpfeffer, Korallenstrauch, Hammerstrauch
- Amaryllisgewächse, z. B. Klivie, Blutblume, Ritterstern
- Liliengewächse, z. B. Ruhmeskrone, Zierspargel, Lilien

### Gefährliche Balkon- und Kübelpflanzen:

Leberbalsam, Strahlenanemone, Eisbegonien, Goldlack, Herbstzeitlose, Heliotrop, Petunien, Silberblatt, Kassie, Hammerstrauch, Palmfarn, Engelstrompete, Oleander, Sternjasmin und andere.

### Gefährliche Freilandpflanzen:

Efeu, Christrose, Blausternchen, Eisenhut, Eibe, Buchsbaum, Fingerhut, Tulpe, Farne, Ginstern, Goldregen, Maiglöckchen. Schneeglöckchen, Iris, Narzissen, Primeln, Mistel, Klematis und andere.

### Checkliste Gefährliche Fallen

- Erreichbare Steckdosen mit Kindersicherungen verschließen.
- Freiliegende Elektrokabel mit Japanöl einreiben.
- Waschmaschine und Wäschetrockner vor dem Anstellen untersuchen.
- Den »Inhalt« von Backofen und Geschirrspüler kontrollieren.

### Achtung

Katzen sind neugierig und »probieren« gerne Essbares. Verschließen Sie Avokados und Zwiebeln. Der Genuss dieser Gemüse kann Katzen großen Schaden zufügen.

# Der Einzug

Nicht nur für Sie ist der Einzug des Katzenkindes (oder der Katzenkinder) eine aufregende Sache. Auch das Tierchen selbst hat einiges zu verkraften: Trennung von Mutter und Geschwistern, eine ganz neue Umgebung, unvertraute Gerüche und Geräusche. Sie ersparen ihm unnötigen Stress, wenn Sie es bis zur vollendeten 12. Lebenswoche im alten Heim lassen. Alle wichtigen Impfungen, die ersten Wurmkuren und den ersten Gesundheits-Check sollte es noch dort bekommen – im neuen Heim kann es sich dann ganz auf die Eroberung seiner neuen Familie konzentrieren.

**TIPP** Holen Sie Ihr (oder Ihre) Kätzchen an einem langen Wochenende. Vielleicht können Sie auch ein paar Tage von Ihrem Urlaub »opfern«, um sich mit dem Tier rund um die Uhr vertraut zu machen. So stärken Sie die Beziehung.

## Die erste Reise

Seine erste Reise (in der Regel eine Autofahrt) tritt das Katzenkind am besten im geschlossenen Transportkorb an. Statten Sie ihn mit einer kuscheligen Decke aus, das verstärkt das »Schutzhöhlen-Gefühl«. Eine Katze ohne Korb oder Tasche zu transportieren, ist leichtsinnig: Die Tiere erschrecken leicht und neigen dann zu unkontrollierten Reaktionen – etwa zum Sprung in die Pedalerie. Jede Kurve, jeder Bremsvorgang, jede Beschleunigung liefern dem reise-unerfahrenen Kätzchen einen neuen Grund zum Erschrecken. Besser also, es bleibt im Korb und hört von Zeit zu Zeit Ihre beruhigende Stimme.

## Die Ankunft

Zu Hause schließen Sie alle Fenster und nach draußen führende Türen, bevor Sie den Transportkorb öffnen. Warten Sie ab, bis das Kätzchen aus eigenem Antrieb herauskommt – in aller Regel dauert das nicht lange. Zeigen Sie ihm dann das vorbereitete Katzenklo und den Futterplatz, halten sich ansonsten aber zurück. Seien Sie nicht enttäuscht, wenn das Tier sich erst einmal verkriecht – das ist völlig normal. Das Verkehrteste, was Sie (oder Ihre Kinder) tun könnten, wäre jetzt »Jagd« auf die Katze zu machen: Damit erschweren Sie es ihr, Vertrauen zu fassen. Lassen Sie Ihr Katzenkind das Tempo der Annäherung bestimmen. Je weniger es sich bedrängt fühlt, umso eher wird es auf Sie zugehen und seine Streicheleinheiten abfordern.

## Brücken bauen

Kätzchen sind von Natur aus neugierig und verspielt. Wenn Sie Ihrem kleinen Kobold helfen wollen, seine Scheu zu überwinden, animieren Sie ihn immer wieder zum Spielen. Damit bauen Sie ihm sozusagen eine Brücke. Möglichkeiten bieten sich genug: Ein Stoffsäckchen mit Katzenminze, das am Band über den Boden gezogen wird, eine weiche Kordel, die sich schlangenartig bewegt, Bällchen, die über den Teppich rollen – irgendwann siegt die Neugier und das Katzenkind spielt mit.

**WICHTIG**

**Sie erleichtern Ihrer Katze die Eingewöhnung, wenn Sie ihr in den ersten Tagen das gleiche Futter anbieten, das sie auch in ihrem alten Heim bekommen hat.**

## Zu zweit geht's besser

Wenn Sie sich gleich für zwei Kätzchen entschieden haben, baut sich die Scheu noch schneller ab: Der Katzen-Kumpel sorgt für mehr »Selbstbewusstsein«. Machen Sie beiden Ihre Spielangebote – sobald der eine zugreift, kommt auch der andere ins Spiel: Mut steckt an!

*Reisesänfte und Schutzhöhle in fremden Gefilden: Ein stabiler Transportkorb.*

# Heimisch werden

Mit seinem Einzug wird das Katzenkind nicht nur »Familienmitglied«, sondern auch Revierbesitzer. Wenn Sie in einer Etagenwohnung leben und Ihre Katze nicht nach Belieben ein- und ausgehen kann, beschränkt sich das Revier auf die Wohnung. Andernfalls müssen Sie eine Entscheidung treffen:

**Achtung**

Laut Gesetz (s. auch S. 30/31) dürfen Jäger eine Katze, die mehr als 200 bzw. 300 m vom letzten Haus entfernt angetroffen wird, als wildernd abschießen. In Jagdgebieten wird diese Bestimmung eng ausgelegt.

## Auslauf: Ja oder nein?

Jede Katze hat gern ein »richtiges« Revier draußen, mit der Möglichkeit, herumzustreifen, zu jagen, auf Bäume zu klettern, sich mit Artgenossen zu balgen oder zu messen und was der natürlichen Abwechslungen im Katzenleben mehr sind. Dieses »natürliche« Leben ist aber auch ein hochgefährliches: Von 5 Jungtieren mit freiem Auslauf vollenden nur 2 das 1. Lebensjahr, und kaum ein Freiläufer erreicht die durchschnittliche Lebenserwartung von 12 bis 15 Jahren.

## Gefährliche Freiheit

Außerhalb der Wohnung lauern zahlreiche Gefahren auf die Katze. »Killer Nr. 1« ist der Autoverkehr. Nicht nur in der Stadt, sondern auch auf dem Land. Landkatzen werden gelegentlich Jagdbeute für Füchse, Greifvögel – oder Jäger. Hunderttausende angeblich wildernde Katzen werden jährlich abgeschossen, im Einklang mit dem Gesetz. Freilaufenden Katzen droht darüber hinaus Vergiftungsgefahr von Pflanzenschutz- oder Schädlingsbekämpfungsmitteln, von gewalttätigen Katzenhassern und immer noch von Tierfängern, die dubiose Händler mit ihrer unglücklichen »Ware« versorgen.

**Wichtig**

Katzen-Halsbänder müssen elastisch sein, so dass das Tier sich notfalls befreien kann, wenn es hängen bleiben sollte. Sicherer bei Spaziergängen sind Brustgeschirre, die Gewöhnung daran dauert jedoch länger.

## Der Freilauf-Kompromiss

In manchen Gegenden sind die Gefahren so überschaubar, dass man es wagen kann, die Katze frei laufen zu lassen. Im Allgemeinen aber heißt die Empfehlung: begrenzter Auslauf oder Auslauf unter Aufsicht. Wenn Sie Grundstücksbesitzer sind, können Sie einen Schutzzaun ziehen. In Reihen- oder Siedlungshäusern scheitert das aber oft am Einspruch der Nachbarn. Dann bleibt Ihnen nur, die Terrasse mit den unauffälligen Netzen (s. auch S. 24/25) »katzenfest« zu machen. Der »Auslauf an der Leine« ist kein Ersatz für ein katzengemäßes Draußen-Revier. Manche Katzen schätzen ihn dennoch, andere wehren sich gegen die »Zumutung« von Halsband oder Geschirr. »Leinenführigkeit« können Sie langsam und geduldig bereits mit dem drei Monate alten Kätzchen trainieren. Eine Katze lässt sich aber nie so spazieren führen wie ein Hund: Laufen mit dem »Rudelführer« liegt ihr nicht im Blut.

## Das Etagen-Revier

Zum Glück ist die Etagen-Wohnung nicht nur ein sicherer Hort, sie kann auch ein anregendes Katzenrevier abgeben, vor allem, wenn ein Artgenosse mit von der Partie ist. Verstecke und erhöhte Aussichtsplätze finden sich auch innerhalb der vier Wände, regelmäßiges Spielen entschädigt für entgangene Jägerfreuden. Auch Frischluftkuren sind möglich, wenn Sie Balkon und Fenster entsprechend sichern.

*Alles meins: Als »Revierbesitzer« darf man sich auch mal in der Spüle niederlassen.*

# Katze und Gesetz

Das Auge des Gesetzes hat auch unsere Katzen im Blick. Leider durchaus nicht immer freundlich und wohlwollend. Wenn Sie sich mit Ihrem Mini-Tiger nicht im Paragrafendschungel verfangen wollen, sollten Sie die wichtigsten Bestimmungen kennen.

## Uneinig im Mietrecht

Schaffen Sie sich lieber keine Katze an, wenn Ihr Mietvertrag Tierhaltung verbietet. Meerschweinchen, Hamster, Wellensittich und ähnliche Kleintiere wären von einem solchen Verbot nicht betroffen, Katzen und Hunde aber wohl. Wer seine Katze allerdings nur in der Wohnung hält, kann im Katzen-Verbot eine Beschränkung seines Rechts auf ungestörte Entfaltung der Persönlichkeit sehen, zumal »durch 1 oder 2 Katzen weder Nachbarn belästigt werden, noch die Wohnung stark abgenutzt wird.« Einige Amts- und Landgerichte

*Solche Schäden trägt die Haftpflicht-Versicherung in der Regel nicht.*

haben so entschieden, andere sind aber zu gegenteiligen Urteilen gekommen. Ein Grundrecht auf Tierhaltung gibt es laut Bundesverfassungsgericht (Az.: 1 BvR 126/80) nicht.

## Ärger mit Nachbarn

Mancher Gartenbesitzer schätzt den Besuch fremder Katzen nicht – vor allem dann nicht, wenn er Vogelfreund ist. Bei Gericht wird er mit einer Klage kaum durchkommen: Der Gartenbesitzer muss es dulden, wenn Katzen »im herkömmlichen Umfang« sein Terrain passieren, auch wenn sie dabei mal einen Vogel fangen (OLG Celle, Az.: 4 U 64/85). Benutzt die Katze dagegen den Kinder-Sandkasten als Klo, kann der Halter gerichtlich wegen »Verletzung der Aufsichtspflicht« belangt werden (Landgericht Hamburg, Az.: 316 S 116/91; Az.: 48 C 1796/90).

## Gefahr im grünen Rock

Das Jagdrecht erlaubt Jägern, Katzen, die sich (je nach Bundesland) 200 oder 300 Meter vom nächsten Haus entfernt haben, als »wildernd« abzuschießen. Ist die Katze gerade im Begriff, etwa auf ein Karnickel loszugehen, darf der Jäger auch innerhalb der Schutzzone schießen. Die Verordnung zum Schutz gegen Tollwut im Viehseuchengesetz legt fest: Werden frei umherlaufende Katzen in Wildtollwutbezirken angetroffen, dürfen Jäger oder Forstbeamte sie einfangen oder – falls das nicht möglich ist – töten. Eine weitere Verordnung (zum Schutz bodenbrütender Vögel gedacht) ist nur noch in Hamburg und Berlin gültig: Sie verbietet Katzen zwischen dem 15. März und 15. August sowie bei geschlossener Schneedecke den Freilauf.

## Haftpflicht für die Katze

Katzen richten zwar im Allgemeinen keine großen Schäden an, aber unglückliche Zufälle gibt es immer: Die teure Seidenbluse der Freundin kriegt einen Ratscher oder der Radfahrer stürzt beim Versuch, der Katze auszuweichen und verrenkt sich den Fuß. In solchen Fällen springt die private Haftpflichtversicherung ein. Eine spezielle Tierhalter-Haftpflichtversicherung wie bei Hunden ist nicht erforderlich.

### Wichtig

Nach deutschem Recht können Tiere keine Erben sein. Wenn Sie Ihrer Katze Ihr Erbe durch ein Testament sichern wollen, müssen Sie den menschlichen Erben entsprechende Auflagen machen. Holen Sie sich dafür unbedingt juristischen Rat.

### Info

Gesetzlicher Katzenschutz: Verboten sind u. a. das Töten überzähliger Jungtiere durch Nichtfachleute; die Krallenamputation; Vernachlässigung (etwa durch nicht ausreichende Fütterung). Das Aussetzen von Katzen kann mit bis zu 10 000 Mark Bußgeld geahndet werden.

# Katzenerziehung - keine Einbahnstraße

**Katzen sind allen Vorurteilen zum Trotz erziehbar. Doch anders als Hunde kennen sie keine Rangordnung mit eindeutigen Befehlsstrukturen. Mit autoritären Methoden werden Sie also bei Ihrem neuen Hausgenossen nichts erreichen. Katzenerziehung ist eben keine Einbahnstraße, sondern die hohe Kunst des Arrangements.**

*Ganz Ohr: Katzen verstehen recht gut, was wir von ihnen wollen und können entgegenkommend sein.*

Schon wenn ein Katzenkind in seine neue Menschenfamilie kommt, beweist es »Kinderstube«: Es ist stubenrein, es kennt bestimmte »Höflichkeitsgesten« und es behandelt alle Familienmitglieder wie Artgenossen. Ein Kätzchen ist ein soziales Wesen und damit erziehbar. Befehlen wird es trotzdem nicht gehorchen, denn Gehorsam ist in seiner genetischen Ausstattung nicht vorgesehen. Katzen machen, was sie wollen. Aber sie sind bereit, sich mit ihren »Mitkatzen« zu arrangieren. Sie haben gewonnen, wenn Sie Ihr Katzenkind dazu bringen, das zu wollen, was es soll.

## Abkommen auf Gegenseitigkeit

Am Beispiel »Katzenklo« lässt sich das deutlich machen. Katzen wollen ihren Schlaf- und Essbereich sauber halten und nach dem »Geschäft« scharren. Sie wollen, dass Ihre Katze die Streukiste benutzt. Ein perfektes Abkommen – vorausgesetzt, die Kiste ist standfest, leicht zugänglich und wird regelmäßig gesäubert. Ihr Erziehungserfolg hängt also wesentlich davon ab, wie »wohlerzogen« Sie sich Ihrem Katzenkind gegenüber benehmen. Dazu gehört auch, dass Sie ihm nicht allzu viele Verbote auferlegen und aus einer Übertretung kein Drama machen. Bleiben Sie gelassen!

# Fehlverhalten korrigieren

**TIPP** Beim Durchsetzen von Verboten kann eine Wasserpistole helfen. Wenn der kleine Sünder gefährlichen Unsinn macht, gibt's einen gut gezielten Schuss aus dem Verborgenen. Die Katze darf nur nicht merken, wer ihn abgefeuert hat.

*Krallenwetzen ist Waffenpflege. Aber mit den Polstermöbeln sollte Kätzchen Frieden halten.*

Katzenkinder sind kleine Rabauken. Die unbekümmerte Frechheit macht einen Teil ihres Charmes aus. Trotzdem sollten Sie ihnen nicht alles durchgehen lassen. Aber kann man ein Kätzchen überhaupt zur Ordnung rufen, wenn es noch nicht einmal auf seinen Namen hört?

## Den Namen schmackhaft machen

Dem Hund liegt es im Blut herbeizukommen, wenn er gerufen wird, der Katze nicht. Aber sie kann lernen, es zu wollen. Der Trick: Sprechen Sie Ihr Katzenkind beim Schmusen, Spielen und Füttern mit seinem Namen an, nicht aber, wenn Sie mit ihm schimpfen. Folgt dem Namen etwas Angenehmes, folgt Kätzchen Ihrem Ruf. Meistens ...

## Frieden mit den Polstermöbeln

In einen Konflikt zwischen Wollen und Sollen gerät selbst die bravste Katze beim Thema Krallenwetzen. Sie soll das nicht an Polstermöbeln, Teppichen oder Tapeten tun. Aber sie will! Sie müssen also die Kratzlust auf erlaubte Objekte wie Kratzbrett oder -baum umlenken. Zeigen Sie dem Katzenkind immer wieder seine »Sportgeräte« und loben Sie es ausgiebig, wenn es begreift. Es wird dennoch immer wieder versuchen, seine Krallen am verbotenen Platz zu schärfen. Sobald Sie das sehen, sagen Sie mit erhobener Stimme »nein«, heben das Tier auf und tragen es zu seiner Wetzgelegenheit. Wenn Sie das konsequent machen, haben Sie gewonnen. Wenn nicht, verliert Ihre Einrichtung.

## Der Kletter-Konflikt

Kätzchen finden Gardinen und oft auch Menschenbeine zum Klettern unwiderstehlich. Klettern müssen sie – räumen Sie ihnen einige Plätze auf der »zweiten Ebene«, im Regal oder auf Schränken, frei und gönnen Sie Ihrer Wohnungskatze einen Kratz- und Kletterbaum. Ebenso wie beim Krallenwetzen lenken Sie dann die Kletterlust auf erlaubte Objekte um. Ein Trost: Mit etwa 9 Monaten lässt bei den meisten Katzen die Lust am Gardinenklettern nach.

## Den Konflikt vermeiden

Viele Konflikte können Sie Ihrer Katze ersparen. Konkret heißt das: Wollen Sie nicht, dass sie im Menschenbett schläft, halten Sie die Schlafzimmertür geschlossen. Soll sie nicht betteln, geben Sie ihr keine Häppchen vom Esstisch. Lassen Sie nichts offen herumliegen, womit die Katze nicht spielen darf.

Strafen sind kein Erziehungsmittel für Katzen. Egal, was sie angestellt haben, sie verknüpfen die Bestrafung nicht mit ihrer »Untat«, fühlen sich schikaniert und verlieren ihr Vertrauen in den Menschen. Wenn Ihr Kätzchen etwas Unerwünschtes tut, müssen Sie sofort reagieren. Mit einem laut gesprochenen »Nein« zeigen Sie Ihre Missbilligung. Nur bei schweren »Vergehen« – etwa, wenn der kleine Übeltäter Sie immer wieder in die Waden beißt – pusten Sie ihm kurz ins Gesicht. Das erinnert an Mutters Fauchen – und wirkt. Zur akuten Gefahrenabwehr (und nur dann) ist ein Klaps mit zwei Fingern aufs Näschen erlaubt: zum Beispiel, wenn das Tier zum Sprung auf den heißen Herd ansetzt. Sonst sind körperliche Strafen tabu.

**WICHTIG**

**Erlauben Sie Ihrer Wohnungskatze viel, aber nicht alles. Maßvolle Verbote ersetzen die Reviergrenzen und wirken anregend auf die Intelligenz. Zu starke Einschränkungen dagegen haben einen gegenteiligen Effekt.**

*Bis Kätzchen unser »Nein« zu Patrouillen über den Esstisch akzeptiert, dauert es ein wenig.*

# Beziehungspflege

**TIPP** Schaffen Sie sich leistungsstarke Kopfhörer an, wenn Sie Ihre Lieblingsmusik gern in voller Lautstärke hören. Das freut Katze und Nachbarn.

Katzen gelten als unabhängige, eigenwillige Individualisten. Das fasziniert uns einerseits, andererseits halten viele Menschen unsere Samtpfoten für »bindungsscheu«. Dabei sind Katzen auf ihre Art ebenso treu wie Hunde, wenn sie die Chance hatten, Beziehungen zum Menschen aufzubauen und zu pflegen.

## Die Ungeprägten

Man trifft sie vor allem auf Bauernhöfen an: Katzen, die ohne näheren Kontakt zu Menschen leben. Sie werden als Mäusefänger geduldet, bekommen auch schon mal Futter hingestellt und schlafen in Ställen oder Scheunen. Wenn man auf sie zugeht, laufen sie davon, denn sie haben in ihrer sensiblen Phase keinerlei soziale Erfahrung mit dem Menschen gemacht, sind also nie auf ihn geprägt worden. Nur solche Katzen sind mehr an den Ort gebunden als an den Menschen.

*Nase an Nase: Begrüßung unter guten Freunden.*

## »Superkatze« Mensch

Katzen, die in ihrer sensiblen Phase gute Erfahrungen mit dem Menschen gemacht haben, »ticken« anders. Sie betrachten den Menschen mit seinen Streichelhänden als »Superkatze«, bei der sie sich zeitlebens so behaglich und geborgen fühlen dürfen wie als Baby bei der Mutterkatze. Dass sie uns auch als »Dosenöffner« sehen, spricht nicht dagegen: futtern bei Muttern. Manchmal freilich kehren sie die Rollen um und behandeln uns wie ihre Kinder – etwa, wenn sie eine Maus nach Hause bringen. Wir sollen uns angucken, wie richtige Beute auszusehen hat und uns dann darüber hermachen. Dass wir das aber auch nie lernen ...

## Katzen-Knigge

Sie dürfen eine gute, tiefe Beziehung zu Ihrem neuen Hausgenossen erwarten. Vorausgesetzt, Sie wissen sich ihm gegenüber zu benehmen. Einige Regeln aus dem »Katzen-Knigge«:

- Katzen begrüßen sich untereinander und erwarten das auch von Ihnen – nach dem Aufstehen, wenn Sie heimkommen und überhaupt, wenn Sie einander über den Weg laufen. Je nach Temperament antworten sie mit einem aufmerksamen Blick, einem freundlichen »Murr« oder einem verschmusten Anstupsen.
- Katzen wollen nicht angestarrt werden – wie Sie wissen, gilt der direkte Blick unter Katzen als Maßnahme zur Einschüchterung.
- Lärm und Hektik machen Katzen scheu. Vermeiden Sie Geschrei, Poltern, übermäßige Betriebsamkeit – und stellen Sie Stereoanlage und Fernseher höchstens auf Zimmerlautstärke.
- Katzen fürchten sich bei überraschenden Berührungen oder Bewegungen, die plötzlich von oben kommen – ein Erbe der wilden Vorfahren. Also bitte keine »Schmuse-Überfälle«.
- Katzen brauchen manchmal Distanz. Eine Katze gegen ihren Willen festzuhalten ist eine Missachtung dieses Bedürfnisses – nur in Notfällen erlaubt!
- Katzen wollen korrekt aufgehoben werden: eine Hand umfasst dabei den Brustkorb, die andere stützt das Hinterteil. Am Nackenfell darf allein die Mutterkatze ihre Kätzchen aufheben – wendet der Mensch den Griff an, kann es zu Verletzungen kommen.

**INFO**

**Lärm ist Folter für Katzenohren. Die sind nämlich so empfindlich, dass sie bis zu 60 000 Schwingungen pro Sekunde wahrnehmen können. Unser Gehör dagegen lässt uns schon bei 18 000 Schwingungen pro Sekunde im Stich.**

# Training und Unterhaltung

Für Wohnungskatzen ist ein abwechslungsreiches Spielprogramm besonders wichtig. Es dient als Ersatz für die Beutejagd, als Fitnesstraining und darüber hinaus als Kontaktpflege zwischen Mensch und Katze. Auch wenn Sie zwei Kätzchen haben, sind Sie als Spielpartner gefragt. Hier ein paar (erprobte) Vorschläge:

**TIPP** Spielzeug, das mit Katzenminze oder Baldrian präpariert ist, »bearbeiten« Katzen besonders gern. Ein Bällchen oder eine Stoffmaus werden für viele unwiderstehlich, wenn sie ein paar Stunden in einem Behälter mit getrocknetem Baldrian gelegen haben.

## Maus am Band und Fisch an der Angel

Sie binden eine Stoffmaus oder auch ein mit Raschelpapier und Katzenminze gefülltes, zugenähtes Säckchen an eine Kordel und lassen Ihr Katzenkind danach tatzen. Jeder Treffer ist ein Punkt. Eine Variation: Sie befestigen Maus oder Säckchen mit langem, starkem Bindfaden an einem Stock und setzen sich mitsamt dem Spielzeug in Bewegung. Ihre Katze wird Sie begeistert verfolgen. Bei Rennspielen ist Tempo gefragt – Fitnesstraining auch für Sie.

## »Undercover-Cat«

Legen Sie eine stabile Papiertüte (Plastiktüten sind verboten wegen Erstickungsgefahr) auf den Boden und geben Sie ein wenig Katzenminze hinein. Ihr Katzenkind wird in die Tüte krabbeln, sich damit herumrollen und durch das Papier nach Ihrer Hand tatzen. Sie spielen doch mit? Eine Variante bietet sich an, wenn Sie Ihre Betten neu beziehen: Lassen Sie das Tier in den gerade ausgewechselten Kissenbezug krabbeln und spielen Sie mit dem »lebendig« gewordenen Stoff.

**ACHTUNG**

Geben Sie Ihrem Kätzchen kein Wollknäuel zum Spielen. Es kaut gern auf der Wolle herum und frisst sie sogar. Die Wollklumpen können Magen und Darm verschließen – Lebensgefahr. Auch Spielmaterial aus Weichgummi oder Stanniol ist aus dem gleichen Grund gefährlich.

## »Kickers Wonne« und Apportieren

Bällchen (ab Tischtennisball-Größe) sind etwas Wunderbares für die begabten Kicker. Manche allerdings stehen noch mehr auf eiförmige »Dribbelobjekte«, weil die so schön unberechenbar durch die Gegend kullern. Versuchen Sie's mal mit einer Walnuss oder einem Stopfei. Auch leere(!) Garnspulen lassen sich wunderbar durch die Wohnung kicken. Werfen Sie Ihrer Katze Bälle, Papierknäuel oder ähnliche Objekte zu. Solange sie Lust dazu hat, bringt sie Ihnen die Dinge zurück .

## Rennkäfer

Lassen Sie das Licht einer kleinen Taschenlampe schnell über dunklen Grund laufen. Noch besser als »Rennkäfer« sichtbar ist der sattrote Lichtpunkt eines Laserpointers (Foto-Fachgeschäft, ca. 60 bis 90 Mark). Katzen verfolgen ihn mit Wonne und »fangen« ihn, indem sie auf ihn springen. Sobald die Pfote auf den Leuchtfleck kommt, müssen Sie den Schaltknopf loslassen, sonst leuchtet der »Käfer« auf der Tatze weiter – und das frustriert den Jäger. Niemals in die Augen leuchten, das schädigt die Netzhaut.

## Versteckspiel

Katzen verstecken sich gern, und manche genießen es sichtlich, wenn ihr Mensch sie scheinbar besorgt sucht. Beliebte und ungefährliche Verstecke sind Kartons mit Einschlupfloch, bodenlange Tischdecken (mit Klammern sichern!) oder große Sofa-Überwürfe. Oder Ihr Kleider- und Wäscheschrank ...

*Spielzeug ist gut, spielt aber der Mensch nicht mit, macht die beste Sammlung wenig Spaß.*

# Die natürliche Katzennahrung

**Katzen würden Mäuse kaufen«, heißt es in Abwandlung eines bekannten Werbespruchs. In der Tat: Die wilden Kleinkatzen ernähren sich in der Hauptsache von Mäusen und anderen kleinen Säugetieren. Von Natur aus sind sie also Fleischfresser. Aber ebenso wenig wie unsere Hauskatzen leben sie vom Fleisch allein.**

*Unheimliche Begegnung: Kaum ein Nager kommt der Katze gern so nah – in der freien Natur schon gar nicht.*

Wildkatzen bestreiten ihren Lebensunterhalt durch die Jagd. Auf ihrem Speisezettel stehen Säugetiere bis Rattengröße, auch mal Eidechsen oder andere Kriechtiere, Insekten und – eher selten – Vögel. Die Domestikation hat an diesem Beuteschema nichts geändert: Die natürliche »Vollwertkost« für die Katze ist das Beutetier. Das ganze Tier, und nicht nur das saftige Stück Fleisch. Ausschließlicher Fleischkonsum ist eine Mangelernährung, auch für den »Fleischfresser Katze«. Viele Vitamine, Mineralien und Spurenelemente, die der Körper braucht, sind im Fleisch nicht ausreichend enthalten.

## Gemüse für die Katze

Auch Wildkatzen brauchen deshalb mehr pflanzliche Beikost als die paar Grasspitzen, die sie gelegentlich knabbern. Sie finden das wichtige »Gemüse« in Magen und Darm der geschlagenen Beutetiere – bereits vorverdaut und so aufgeschlossen, dass ihr Organismus die Nährstoffe verwerten kann. Vollwertkost für Haus- und Wohnungskatzen muss anders aussehen. Nicht einmal freilaufende Tiere können allein vom Fang leben: In unserer zivilisierten Umwelt sind die natürlichen Beutetiere selten geworden. Aber das »Beutetier aus der Dose« muss kein schlechter Kompromiss sein.

1939

# Kochen für die Katze

**Wichtig**

Ihre Katze braucht vielleicht zusätzliche Vitamin- und Mineralstoffgaben, wenn Sie den Löwenanteil des Futters selbst zubereiten. Am besten fragen Sie Ihren Tierarzt, bevor Sie zu entsprechenden Präparaten greifen.

Natürlich können Sie das Futter für Ihr Katzenkind selbst zubereiten; als gelegentliche Abwechslung im Speiseplan ist das sogar empfehlenswert. Ungenügend informierte »Katzen-Küchenchefs« machen jedoch viele Fehler. Einige Beispiele:

## Tischreste-Verwertung

Was uns schmeckt, ist für Katzen in aller Regel ungeeignet: zu viel Fett, zu wenig Eiweiß, zu stark gewürzt. Manche gebräuchliche Zutaten (z. B. Zwiebeln, s. auch S. 24/25, oder Konservierungsmittel wie Benzoe- oder Sorbinsäure) sind zudem für sie giftig.

## Gefährliche Einseitigkeit

- Ausschließliche Fleischfütterung: Die Katze bekommt zu wenig Kalzium und zu viel Phosphor. Das kann Schäden am Knochengerüst und an den Gelenken nach sich ziehen.
- Zu viel Leber führt zur Überversorgung mit Vitamin A (A-Hypervitaminose). Es drohen Knochenwucherungen, Verkrüppelungen und Lähmungen. Kätzchen bis zu 1 Jahr sollten gar keine Leber bekommen, erwachsene Tiere höchstens alle 14 Tage eine Portion.
- Zu viel Thunfisch bzw. fetter Fisch (auch übermäßige Lebertran-Gaben) raubt Vitamin E. Es kommt schließlich zur schmerzhaften Gelbfettkrankheit (Oxydation des Körperfetts).

**Achtung**

Verdorbenes Fleisch oder schlechter Fisch können für Katzen tödlich sein. Werfen Sie auch das teure Steak in den Abfall, wenn es nicht mehr ganz frisch ist. In den Abfall gehören auch Gräten und Knochen: Verletzungsgefahr!

## Roh ist Risiko

Roher Seefisch kann Bandwurmfinnen enthalten, roher Flussfisch zerstört Vitamin B1. Rohes Geflügelfleisch (nicht nur aufgetaute Tiefkühlware) bedeutet Salmonellengefahr. Rohes Schweinefleisch kann ein Virus enthalten, das Menschen zwar nicht schadet, für Katzen und Hunde aber tödlich ist (Aujeszkysche Krankheit, s. S. 50–51). Das Virus wurde vereinzelt auch in Rindfleisch entdeckt. Wenn Sie gar kein rohes Fleisch verfüttern, senken Sie auch das Toxoplasmose-Risiko (s. auch S. 50/51).

## Der Irrtum mit der Milch

Milch gilt als »das« Katzen-Getränk. Irrtum: Katzen sollen Wasser trinken. Milch ist jedoch ein Nahrungsmittel mit wertvollen Bestandteilen. Geben Sie aber nur kleine Mengen und achten Sie darauf, dass sie stets körperwarm ist. Manche Katzen bekommen Durchfall vom Milchzucker; Joghurt dagegen verursacht keine Probleme. Füttern Sie Milchprodukte und Fleisch nicht zusammen in einer Mahlzeit: Das gibt Bauchgrimmen.

## Was Katzenkinder futtern dürfen

Mageres Muskelfleisch, Herz, magerer Fisch (gedünstet und entgrätet) und entbeintes Geflügel sind erlaubte Leckerbissen. Zusammen mit etwa einem Drittel Haferflocken, Graupen, Nudeln, Reis und fein zerdrücktem Gemüse (am besten die Babykost aus dem Gläschen) wird eine vollwertige Mahlzeit daraus. All diese vegetarischen Beilagen müssen gekocht sein, roh kann der Katzen-Organismus sie nicht verwerten. Gekochtes Katzenfutter sollte nur leicht gesalzen werden, ein Drittel bis die Hälfte der für uns Menschen üblichen Menge genügt.

**INFO**

**Rein vegetarische Ernährung ist für Katzen absolut ungeeignet. Es droht Erblindung durch Taurinmangel.**

*Gewogen und für fit befunden: Richtig ernährte Katzen haben kein Übergewicht.*

# Ernährung mit Fertigfutter

**TIPP** Im Handel gibt es Futterautomaten mit Zeitschaltuhr (Pet Feeder). Falls Sie Ihr Katzenkind tagsüber lange allein lassen müssen, können Sie ihm so trotzdem seine Zwischenmahlzeiten zukommen lassen.

Die meisten Tierärzte plädieren heute für Fertigfutter als Grundlage der Katzenernährung. Diese Kost enthält alle notwendigen Nahrungsbausteine – genau im richtigen Verhältnis. Zusätzliche Vitamin- und Mineralstoffgaben sind dann nicht nötig. Inzwischen haben alle Hersteller Fertigkost für Katzenkinder im Programm, abgestimmt auf ihren höheren Energie- und Eiweißbedarf.

## Kein Trockenfutter für faule Trinker

Trockenfutter ist ebenso vollwertig wie das Futter aus der Dose. Weil ihm aber die Feuchtigkeit weitestgehend entzogen wurde, muss die Katze dieses Defizit durch Trinken ausgleichen (auf 10 g Trockenfutter die dreifache Menge Wasser). Viele Katzen tun das aber nicht: Damit ihre Nieren gesund bleiben, bleibt für sie der »Knabberkram« als Hauptmahlzeit besser tabu.

### Achtung

Geben Sie Ihrer Katze kein Hunde-Fertigfutter. Es enthält zu wenig Vitamine, zu viele Mineralstoffe und zu wenig Eiweiß. Die essentielle Aminosäure Taurin fehlt: Die Katze kann erblinden und Herzschäden davontragen.

## Informationen vom Etikett

Vollwertiges Katzenfutter wird als »Alleinfuttermittel« bezeichnet. Die so genannten »Ergänzungsfuttermittel« decken nicht den gesamten Bedarf. Das Etikett gibt Auskunft über Zusammensetzung, Inhalts- und Zusatzstoffe. Achten Sie beim Trockenfutter auf einen niedrigen Gehalt an Rohasche (um ca. 8 Prozent): Es ist verträglicher für die Harnwege. Verlassen Sie sich lieber nicht blind auf die Futtermengen-Empfehlung – die ist vom Hersteller etwas großzügig bemessen.

### Wie viele Kalorien braucht die Katze?

| Lebensalter | kcal/kg Körpergewicht |
|---|---|
| bis 1 Woche nach der Geburt | 380 |
| bis zur 5. Woche | 250 |
| bis zur 10. Woche | 200 |
| bis einschließlich 5. Monat | 130 |
| bis einschließlich 7. Monat | 100 |
| ab 8. Monat | 80–100 |
| kastrierte Tiere | maximal 80 |

## Wie viele Mahlzeiten täglich?

Im Alter von 5 Wochen brauchen Katzenkinder neben der Muttermilch 6 kleine Mahlzeiten am Tag, mit jedem Lebensmonat rechnet man dann eine weniger. Wenn die Tierchen mit etwa 12 Wochen in die neue Menschenfamilie wechseln, sollten sie also täglich 4 bis 5 Rationen bekommen. Der kleine Magen ist auf größere Portionen nicht eingerichtet, andererseits sollte die Energiezufuhr nicht zu lange unterbrochen werden. Ab etwa 7 Monaten füttert man dann – wie bei erwachsenen Katzen – nur noch zwei Mahlzeiten pro Tag. Das sind natürlich nur Richtwerte, denn auch bei Katzen gibt es unterschiedliche »Ess-Stile«. Die einen kommen heran, sobald das Futter serviert ist, und spachteln alles auf einmal weg. Die anderen nehmen gelegentlich ein Häppchen und wenden sich dann wieder anderen Dingen zu. Wenn Ihr Katzenkind zu den Letzteren gehört, spricht wenig gegen das »Selbstbedienungsbüffet«. Vorausgesetzt, Sie achten (besonders bei warmem Wetter) darauf, dass keine Reste im Napf verkrusten oder sauer werden.

**WICHTIG**

**Fertigfutter für Katzenkinder sollten Kätzchen nur bis zum Alter von 7 Monaten bekommen. Danach geht das Juniorfutter leider auf die Figur.**

*Vielfalt garantiert: Fertigfutter gibt es für jeden Bedarf und für jeden Geschmack.*

# Die richtige Pflege hält gesund

**»Sieben Leben hat die Katze«, sagt der Volksmund um deutlich zu machen, wie zäh die Tiere sind. Er irrt: Katzen brauchen unsere Hilfe, damit ihnen Infektionen und andere Übel nichts anhaben können. Sorgen wir also vor. Denn: »Ist die Katze gesund, freut sich der Mensch.« An diesem Spruch ist nichts verkehrt ...**

*Pflegehilfe: Sanfte Bürstenmassage regt den Kreislauf an und unterstützt die Katze bei der »Putzarbeit«.*

Streicheln Sie Ihr Katzenkind ausgiebig. Das tut auch Ihnen gut: Katzenkraulen wirkt blutdrucksenkend, haben Wissenschaftler in Studien nachgewiesen. Und es entspannt beide – Krauler und Gekraulte. Mit Streicheln gewöhnen Sie das Tier auch an regelmäßiges Kämmen und Bürsten. Für Langhaarkatzen ist diese Fellpflege ein absolutes Muss, aber selbst Kurzhaarkatzen lassen sich eine sanfte Massage mit Bürste oder Noppenhandschuh gern gefallen. Sie entfernt lose Haare – die können dann nicht mehr beim Putzen verschluckt werden und sich in Magen und Darm zu stopfenden Haarballen verklumpen.

## Die kleinen Selbstverständlichkeiten

Gesundheitsvorsorge besteht weitgehend aus kleinen Selbstverständlichkeiten: Fressgeschirr vor jeder Mahlzeit reinigen, Trinkwasser täglich wechseln, Katzenklo sauber halten. Und aus Aufmerksamkeit: Glänzen Augen und Fell, sieht das Mäulchen innen schön rosa aus, sind Appetit und Verdauung in Ordnung? Veränderungen – auch im Verhalten (Apathie, Aggressivität, Rückzug) – sind immer ein Grund, so schnell wie möglich Ihren wichtigsten Verbündeten in Sachen Gesundheitsvorsorge um Rat zu fragen: den Tierarzt.

# Der richtige Katzendoktor

**TIPP** Zahnstein-Prophylaxe: Bieten Sie Ihrer Katze einmal pro Woche pflaumengroße gekochte Fleischstücke an oder gekochte Gurgelstücke mit Fleischresten daran. Fertigfutter »fordert« die Zähne nicht ausreichend.

Der Blick in die »Gelben Seiten« kann entmutigen: Wie wollen Sie nur unter den vielen Tierärzten den richtigen fürs Katzenkind herausfinden? Mundpropaganda von anderen Katzenfreunden ist die beste Hilfe bei der Suche nach dem Glücksfall. Zuchtverbände, Tierschutzgruppen und -vereine können Tipps geben. Ihr eigenes Bild müssen Sie sich trotzdem machen. Hier einige Kriterien für die Auswahl:

- Freundliches Empfangspersonal, gute Organisation (für Ihre Katze wird z. B. gleich eine Karteikarte angelegt).
- Tierarzt und Assistenten kommen mit einem Minimum an Zwang aus, weil sie die richtigen Griffe kennen.
- Der Tierarzt spricht die Katze an, behandelt sie als »Person«.
- Der Tierarzt erklärt Ihnen, was er macht und gibt verständliche Antworten auf Ihre Fragen.
- Sie finden den Tierarzt sympathisch und vertrauen ihm Ihre Katze ohne inneren Widerstand an.

*In der Tierarzt-Praxis sind die meisten Katzen umgänglichere Patienten als im eigenen Heim.*

## Gesundheitsvorsorge beim Tierarzt

Auch kerngesunden Tieren bleibt der Praxisbesuch nicht erspart. Mindestens einmal im Jahr sollte ein Checkup gemacht und dabei gleich die Routine erledigt werden wie z. B. Wurmkur, Augen-, Ohren- und Zahnkontrolle – und natürlich die anstehenden Impfungen, auch für Wohnungskatzen. Infektionskrankheiten bedrohen nicht nur freilaufende Tiere. Manche (z. B. Katzenseuche) können sogar über Kleidung und Schuhe eingeschleppt werden.

## Übersicht: Impfschutz kontra Infektion

- **Katzenseuche.** Erreger: Parvovirus. Sehr ansteckend, für weit über 90 Prozent der befallenen Jungtiere tödlich. Unbedingt impfen lassen! Erste Impfung mit etwa 8–9 Wochen, 2–3 Wochen später wird nachgeimpft. Auffrischung alle 2 Jahre.
- **Katzenschnupfen.** Erreger: Herpes- und Calciviren. Befallenen Tieren drohen Austrocknung und Sekundärinfektionen. Unbedingt impfen lassen! Grundimmunisierung wie Katzenseuche, Auffrischung jährlich. Kombination mit Katzenseuche-Impfung möglich.
- **Leukose (Katzen-Leukämie).** Unheilbare Virus-Erkrankung des Blutes. Impfung empfohlen für Tiere, die mit fremden Katzen zusammenkommen (Freilauf, Ausstellungen). Erstimpfung mit 9–10 Wochen, nach 3-4 Wochen nachimpfen, Auffrischung jährlich..
- **Chlamydien.** Bakterielle Infektion, die zu schweren Bindehautentzündungen führt. Impfung empfohlen, wenn die Katze mit vielen Artgenossen auf engem Raum lebt. Erstimpfung mit 8–9 Wochen, nach ca. 3–4 Wochen nachimpfen, Auffrischung jährlich.
- **Tollwut.** Tödliche Virusinfektion, übertragen durch Kontakt mit dem Speichel infizierter Tiere (z. B. Nager). Impfung unerlässlich für Freiläufer, bei Auslandsreisen oft vorgeschrieben. Erstimpfung mit 12 Wochen, Auffrischung jährlich.
- **FiP (Feline infektiöse Peritonitis, Bauchwassersucht).** Unheilbare Viruserkrankung. In der Bauchhöhle sammelt sich Flüssigkeit, es kommt zu Fieber, schweren Organ- und Atemstörungen. Impfung (über ein Nasenspray) empfohlen für Tiere, die mit fremden Katzen zusammenkommen. Erstimpfung mit 16 Wochen, Nachimpfung 3 Wochen später, Auffrischung jährlich.

### Wichtig

Hausbesuche des Tierarztes sollten dem Notfall vorbehalten bleiben. Viele Katzen reagieren aggressiv oder verstört, wenn ihnen im ureigenen Revier jemand mit »Gewaltanwendung« (Spritzen, Festhalten) auf die Pelle rückt.

### Info

»Tier-Krankenversicherungen« lohnen sich laut Stiftung Warentest meist nicht, weil die Prämie die jährlichen Behandlungskosten übersteigt.
Besser: selbst regelmäßig ca. 400 Mark pro Jahr für Tierarztkosten zurücklegen und so eine Reserve ansparen.

# Parasiten und Krankheiten

**ACHTUNG**

Beim »Flohkampf« muss auch die Umgebung einbezogen werden: Täglich staubsaugen, Staubsaugerbeutel mit Flohpulver beladen, Liegeplatz mit Umgebungsspray einsprühen, Vorhänge bis 1 m Höhe ebenfalls. Decken oft waschen.

Viele Krankheiten halten Sie Ihrer Katze durch Impfschutz vom Leib (siehe S. 48/49). Leider ist trotz aller Bemühungen noch nicht gegen jede Infektion das richtige Serum gefunden worden. Außer Viren und Bakterien bedrohen auch andere Aggressoren die Gesundheit unserer Samtpfoten. Sie und Ihr Tierarzt können jedoch die Gefahren in Grenzen halten.

## Krankheiten im Überblick

- **«Katzen-Aids« (FIV):** Unheilbare Immunschwäche, ausgelöst durch das Feline Immundefizienz-Virus. Führt zu Schäden am gesamten Organismus und schließlich zum Tod. Hauptsächlich übertragen durch Bisse infizierter Katzen. Weder Menschen noch andere Tiere sind durch das FI-Virus gefährdet.
- **Aujeszkysche Krankheit (Pseudowut):** Tödliche Virusinfektion mit tollwutähnlichen Symptomen (Speicheln, Lähmungen, starker Juckreiz). Ansteckung durch Verzehr von rohem, infizierten Schweinefleisch (s. Seite 42/43).
- **Toxoplasmose:** Auch bei Menschen verbreitete Infektion mit dem Einzeller Toxoplasma gondii. Verläuft meist unerkannt, die Symptome ähneln denen einer leichten Grippe. Ansteckung durch Verzehr von rohem Fleisch (Beutetiere). Infizierte Katzen scheiden mit dem Kot Oozysten aus, die wiederum den Menschen infizieren können. Ein Risiko für Schwangere, denn der Erreger schädigt das Ungeborene. Vorbeugung: Nur Fertigkost füttern, selbst kein rohes Fleisch essen, Häufchen so bald wie möglich aus dem Katzenklo entfernen (Oozysten werden erst nach 48 Stunden aktiv), das Kistchen nur mit Handschuhen säubern oder die Arbeit anderen übertragen (s. auch Kasten).
- **Salmonellose:** Sie kann für Katzen ebenso dramatische Folgen haben wie für Menschen (hohes Fieber, Brech-Durchfälle). Ansteckung durch infizierte Beutetiere, rohes Geflügelfleisch (z. B. Eintagsküken), rohe Eier. Vorbeugung: Geflügel und Eier nicht roh geben, Abtauwasser von Tiefkühlkost so schnell wie möglich weggießen.

**WICHTIG**

Schwangere, die sich früher mit Toxoplasmose infiziert haben, sind immun gegen weitere Ansteckung. Sie haben für den Nachwuchs nichts zu befürchten. Ein Test gibt Aufschluss. Der Tierarzt kann auch testen, ob die Katze Erreger ausscheidet.

## Was Katzen wurmt – Darmparasiten

Spulwürmer sind bei Katzen die häufigsten Endoparasiten. Freilaufende Tiere können die Wurmeier überall aufnehmen, wir schleppen sie gelegentlich an den Schuhen ein. Katzenbabys infizieren sich über die Muttermilch. Bei starkem Befall sind Würmer im Kot zu erkennen, manchmal werden sie auch erbrochen. Stark verwurmte Kätzchen haben Blähbäuche, ihr Fell wird struppig, sie magern ab und können sogar eine Lungenentzündung bekommen.

Mit Bandwürmern können sich Katzen durch rohes Fleisch bzw. rohen Fisch, durch Beutetiere und abgeschluckte Flöhe infizieren. Am After oder im Kot sind manchmal einzelne, etwa reiskorngroße Glieder sichtbar. Hakenwürmer kommen eher in wärmeren Gegenden vor. Ihr Tierarzt hat gegen jede Art von Endoparasiten wirksame Mittel. Katzen mit Auslauf sollten von ihm 3- bis 4mal pro Jahr eine Wurmkur erhalten, bei Wohnungskatzen reichen 1 bis 2 Behandlungen pro Jahr.

*Spulwürmer (links) bekommt fast jedes Katzenkind. Bandwürmer (Mitte) werden auch durch Nahrung übertragen. Hakenwürmer (rechts) kommen hier recht selten vor.*

## Was Katzen juckt – Hautparasiten

Wenn Ihre Katze sich sehr häufig kratzt, liegt der Verdacht auf Flohbefall nah. Test: Stellen Sie das Tier auf eine weiße Unterlage und rubbeln Sie es liebevoll durch. Fallen dabei dunkle Krümel aus dem Fell, die beim Verstreichen mit feuchten Fingern eine rötlich braune Spur hinterlassen, haben Sie den Beweis: Flohkot. Für unsere Katzen sind die Blutsauger echte Plagegeister; ihr Speichel kann Allergien auslösen, außerdem sind sie Bandwurm-Überträger (s. o.). Und manchmal »verbeißen« sie sich auch an bzw. in uns.

Weitere Plagegeister wie Läuse und Haarlinge kommen bei gepflegten Katzen selten vor; Milben, mikroskopisch kleine Spinnentiere, befallen hauptsächlich die Ohren. Anzeichen: Häufiges Schütteln und unangenehmer Geruch. Auch bei Hautparasiten verfahren Sie am besten nach Empfehlung Ihres Tierarztes.

Freilaufende Katzen bringen von ihren Sommer-Streifzügen manchmal Zecken mit. Die sind im vollgesogenen Zustand etwa maiskorngroß. Sie werden am besten mit einer Zeckenpinzette (Fachhandel) entfernt – dabei unbedingt darauf achten, dass auch der Kopf mitkommt, sonst gibt es schmerzhafte Entzündungen.

*Flöhe (links) nisten sich in der ganzen Wohnung ein. Läuse (Mitte) befallen kaum gepflegte Hauskatzen. Zecken (rechts) fangen sich nur freilaufende Katzen ein.*

# Die trächtige Katze

Eine Katzenschwangerschaft dauert im Durchschnitt 63 Tage, also 9 Wochen. Abweichungen von bis zu 7 Tagen nach oben oder nach unten sind möglich. Ein Überblick:

## Die Katzenschwangerschaft

| Woche | Was passiert | Sichtbare Anzeichen | Empfehlung |
|---|---|---|---|
| 1.–2. | Embryonen nisten sich in die Gebärmutterschleimhaut ein. | keine | keine |
| 3. | Fruchtblasen erstmals per Ultraschall nachweisbar. | keine | Untersuchung nur für Züchter sinnvoll. |
| 4. | Embryonen per Ultraschall nachweisbar, gegen Ende auch für den Tierarzt tastbar. Die Kleinen verfügen schon über Tastsinn. | Zitzen färben sich rosa. | Keine eigenhändigen Tastversuche, Abortgefahr! Kalk- und Vitamingaben nach Absprache mit dem Tierarzt. |
| 5. | Herzschlag der Föten nachweisbar. | Katze wird runder und bewegt sich schwerfälliger. Appetit und Gewicht nehmen zu. | Futtermenge auf mehrere Mahlzeiten verteilen, evtl. leicht erhöhen. Beliebte »Hochsitze« leichter zugänglich machen, damit riskante Sprünge unterbleiben. |
| 6. | Bewegungen der Föten durch die Bauchdecke tastbar. | Katze fängt an, Wurflager zu suchen, wird noch anhänglicher. | »Nest« vorbereiten und anbieten. |
| 7. | Bei den Föten bildet sich der »Stellreflex« aus (Fähigkeit, auf die Füße zu fallen). | Bauernhofkatzen, aber auch andere Freiläuferinnen verschwinden häufig von der Bildfläche und tauchen erst mit den Kleinen im Gefolge wieder auf. | Katze an vorbereitetes Wurflager gewöhnen. Freilaufende Tiere jetzt lieber in der Wohnung halten. |
| 8. | Kritische Phase, Frühgeburt möglich. | leicht blutiger Ausfluss | Bei diesem Anzeichen oder bei Fieber sofort den Tierarzt benachrichtigen! |
| 9. | Geburt steht kurz bevor. | Bauch »senkt« sich, Zitzen schwellen. Gesteigerte Unruhe, evtl. Futterverweigerung. Wässriger Ausfluss. | Ruhe bewahren! Nur im Notfall eingreifen! Solange Leben im Leib spürbar ist, besteht kein Grund zur Besorgnis. |

## Futtern für viele?

Zu reichhaltig sollte das Nahrungsangebot für werdende Katzenmütter nicht sein. Erhöhen Sie es bis zum Ende der Schwangerschaft ganz allmählich um etwa 50 %. Verteilen Sie die Menge im fortgeschrittenen Stadium der Trächtigkeit auf mehrere Mahlzeiten, das entlastet den Organismus Ihrer Katze. Trockenfutter sollten Sie jetzt nur in kleinen Mengen anbieten, um jedes Verstopfungsrisiko zu vermeiden. Vitamin B (z. B. in Hefeflocken) hält die Darmflora im Gleichgewicht.

**ACHTUNG**

**Blutiger, übel riechender Ausfluss, starke Blutungen oder Fieber mehrere Tage vor dem Geburtstermin sind Warnzeichen für eine drohende Fehlgeburt. Benachrichtigen Sie in diesem Fall sofort den Tierarzt!**

## Das richtige Wochenbett

Sobald Ihre Katze beginnt, nach einem »Nest« zu suchen, ist es an der Zeit, die Wurfkiste vorzubereiten. Ob Sie Korb, Kiste oder einen stabilen Karton nehmen, ist gleichgültig, Hauptsache, die Katze findet ausgestreckt Platz darin und kann sich während der Geburt anlehnen und abstemmen.

Ausgepolstert wird das Lager mit einem Schaumstoffkissen mit waschbarem Bezug, darüber kommt eine dicke Lage Zeitungspapier oder Zellstoff (die nach der Geburt problemlos entfernt werden kann) und zum Abschluss ein sauberes Tuch – keine Frottierware, weil sich in den Schlingen die noch nicht einziehbaren Krällchen der Neugeborenen verfangen können. Stellen Sie das Wochenbett an einen ruhigen, zugfreien und dämmrigen Platz und führen Sie die Katze immer wieder hin, um sie daran zu gewöhnen. Wenn es so weit ist, wird sie von allein hineingehen.

*Mutter und Kinder wohlauf: ein »Katzennest« zum Wohlfühlen.*

## Für alle Fälle

Die meisten Katzengeburten gehen völlig komplikationslos vonstatten. Informieren Sie trotzdem den Tierarzt über das bevorstehende Ereignis und den voraussichtlichen Termin – Sie fühlen sich sicherer, wenn er zum fraglichen Zeitpunkt erreichbar ist und können ihn im Falle eines Falles schnell verständigen. Sollte die werdende Mutter eine Rassekatze sein, sprechen Sie am besten auch mit dem Züchter, von dem Sie das Tier erworben haben. Vielleicht kann er Ihnen mit Rat und Tat zur Seite stehen. Selbst eine heikle Katze wird solch einen erfahrenen Geburtshelfer kaum ablehnen.

**WICHTIG**

**Chemische Substanzen (auch Floh- und Desinfektionssprays oder Medikamente) können zu Missbildungen der ungeborenen Kätzchen führen. Im Zweifelsfall muss der Tierarzt entscheiden.**

# Die Geburt

Wässrig-schleimiger Ausfluss kündigt die Eröffnungsphase an. Unter Umständen dauert es einige Stunden, bis sich die Geburtswege geöffnet haben. Nach dem Abgang des Fruchtwassers geht es dann meist Schlag auf Schlag. In Abständen von etwa einer halben Stunde bringt die Katze je ein Junges zur Welt. Sie befreit es von der Fruchthülle, leckt es trocken, um Schleimreste wegzuputzen und die Atmung anzuregen. Sie frisst die jedem Kätzchen folgende Nachgeburt und knabbert die Nabelschnur bis auf einen kleinen Rest ab. Wenn die »Arbeit« abgeschlossen ist und die Kleinen an den Zitzen saugen, können Sie vorsichtig Zellstofflagen und Tuch wegziehen – und die Familie liegt im sauberen Bett.

**Wichtig**

**Säugende Katzen brauchen mindestens doppelt so viel Futter wie sonst. Verteilen Sie es ebenso wie bei der trächtigen Katze auf mehrere Mahlzeiten, und sorgen Sie – nach Absprache mit dem Tierarzt – für ausreichend Vitamin- und Mineralstoffgaben.**

## Hilfe nur in Ausnahmefällen

Ihre »Geburtshilfe« beschränkt sich auf liebevollen Zuspruch, eventuell stemmt die Katze sich beim Pressen mit dem Rücken gegen Ihre Hände. Falls sie aber keine Anstalten macht, die Kleinen aus der Fruchthülle zu befreien und abzunabeln, müssen Sie

- die Hülle am Kopf des Neugeborenen mit den Fingern zerreißen und sein Näschen mit einem Papiertaschentuch freiwischen,
- das Kleine in kreisenden, leicht klopfenden Bewegungen abfrottieren, um die Atmung anzuregen (Köpfchen nach unten halten!),
- mit leichtem Druck über die Nabelschnur streichen, immer zum Kätzchen hin. Sobald die Schnur blutleer ist, kann sie mit einer in kochendem Wasser desinfizierten Schere abgezwackt werden. 3 cm müssen stehen bleiben, damit es keinen Nabelbruch gibt.

## Allererste Sahne

Mit der ersten Muttermilch bekommen die Katzenkinder das Kolostrum, ein Sekret, das vor der eigentlichen Milchproduktion gebildet wird. Diese »allererste Sahne« enthält Abwehrstoffe (Antikörper), die in den ersten beiden Tagen nach der Geburt die Darmschranke passieren und direkt ins Blut der Neugeborenen gelangen. Die Kätzchen haben damit bis zur 8. Lebenswoche eine »Schutzimpfung« gegen allerlei Infektionen. Spätestens zwei Stunden nach der Geburt sollte jedes Junge an »seiner« Zitze nuckeln. Säugende Katzen haben einen sehr hohen Energiebedarf, deshalb braucht die Mutter jetzt mehr Futter als vor der Geburt.

## Komplikationen

Der Tierarzt muss helfen, wenn die Presswehen stundenlang ohne Erfolg andauern, wenn ein Kätzchen im Geburtskanal stecken bleibt oder wenn die Katze keine Milch produziert bzw. ihre Kleinen nicht annimmt. Oft lässt sich dieses Problem mit Hormongaben lösen, manchmal allerdings muss eine Amme gesucht werden. Klären Sie in diesem Fall mit dem Tierarzt, ob die Kleinen wegen des fehlenden Kolostrums eine Notimpfung bekommen müssen.

## Mutterlose Kätzchen

Kätzchen ohne Mutter aufzuziehen, ist sehr anstrengend. Die Kleinen müssen zunächst alle zwei Stunden (auch nachts) gefüttert werden, und sie brauchen Wärme: In den ersten 3 Wochen darf die Umgebungstemperatur nicht unter 30 °C absinken, später genügen 24 °C. Beim Tierarzt oder im Zoofachhandel gibt es Spezialmilchpulver für Katzenwelpen, es muss immer frisch angerührt werden. Sie füttern richtig, wenn die Babys in der 1. Woche täglich ca. 10 Gramm zunehmen, bis zur 3. ca. 20 Gramm pro Tag und gelblichen Kot absetzen, der weich, aber nicht breiig ist. Wenn Sie dem Katzenkind das Fläschchen geben, umfassen Sie es mit der einen Hand vorsichtig, so dass es sich dagegen stemmen und den Milchtritt ausführen kann.

Legen Sie trinkende Kätzchen nie auf den Rücken – Erstickungsgefahr! Nach jeder Mahlzeit müssen Bäuchlein und Aftergegend sanft mit der Fingerkuppe massiert werden – damit das Kätzchen seine Ausscheidungen absetzen kann. Sanftes Abreiben mit einem ganz leicht angefeuchteten Frottier-Waschhandschuh ersetzt Mutters Katzenwäsche und regt den Kreislauf an. Mutterlos aufgezogene Kätzchen brauchen übrigens ihr Leben lang besonders viel menschliche Zuwendung. Sie wären also bei Leuten, die sich auch tagsüber viel Zeit für sie nehmen können, besser aufgehoben, als bei total gestressten Berufstätigen.

**ACHTUNG**

**Fläschchen für die Jungenaufzucht müssen einen Saugnippel mit sehr kleiner Öffnung haben, damit die Katzenbabys kräftig saugen. Andernfalls könnten sie sich lebensgefährlich verschlucken.**

*Flaschenkind: Die richtige Haltung beim Trinken ist lebenswichtig.*

# Die Sache mit dem Nachwuchs

Aus Kätzchen werden Katzen. Und da liegt das Problem: Von Natur aus haben Katzen einen starken Sexualtrieb – und außerordentlich fruchtbar sind sie auch. Mit etwa acht Monaten (Durchschnittswert) kommen sie zum ersten Mal in Hitze. Auch Wohnungskater streben dann mit Macht ins Freie. Trotz Katzenklo-Hygiene liegt ein besonderer Duft in der Luft: Die Potenz-Botschaft des Kater-Urins kann keine noch so patente Streu absorbieren. Er wird nicht nur in der Kiste abgesetzt, sondern auch »freigebig« versprüht. Im Hormonrausch liefern Kater sich Kämpfe mit überlegenen Rivalen und lassen jede Vorsicht außer Acht.

Katzen wälzen sich am Boden hin und her (daher kommt der Fachausdruck »Rolligkeit« für die Brunst), rufen gurrend, schreiend und »singend« nach dem Kater und nutzen jede Gelegenheit, nach draußen zu kommen. Gelingt es ihnen, werden sie mit größter Wahrscheinlichkeit schwanger. Können sie den Trieb nicht stillen, leidet auf Dauer ihre Gesundheit.

**INFO**

**Wann Katzen geschlechtsreif werden, hängt auch von der Rasse ab: Siamesen sind »frühreif«, Langhaarkatzen eher Spätentwickler. Die Anzeichen sind so eindeutig, dass Sie den Zeitpunkt gar nicht verpassen können.**

## Geburtenkontrolle

Wenn Sie der Natur ihren Lauf lassen, bekommt Ihre Katze mindestens zweimal im Jahr Junge, kann Ihr Kater unzählige Kätzchen zeugen. Illusorisch, für sie alle gute Plätze zu finden. Damit ist klar: Geburtenkontrolle tut not. Wenn Sie nicht unter die Züchter gehen wollen, gibt es nur eine empfehlenswerte Methode: die Kastration bei einem guten Kleintierarzt. Alle Probleme, die mit der Katzensexualität zusammenhängen, sind damit ein für alle mal beseitigt.

## Kastration bei Kater und Katze

Beim Kater werden die Hoden ausgeschält. Der Eingriff dauert kaum eine Viertelstunde, und wenn die Nachwirkungen der Narkose überstanden sind, ist der Kater spätestens nach zwei Tagen wieder ganz der Alte – freilich ohne das Parfum »Marke Raubtierhaus«.

Bei der Katze entfernt der Tierarzt die Eierstöcke, manchmal auch die Gebärmutter. Der Eingriff dauert etwas länger als die Operation des Katers, die Erholungszeit auch. Aber nach ein paar Tagen ist auch sie wieder munter wie eh und je: Nur die »Gesänge« sind Vergangenheit. Nach Experten-Meinung sollte der Eingriff nach Eintritt der Geschlechtsreife vorgenommen werden, weil dann das Uro-Genitalsystem voll ausgebildet ist. Die erste Rolligkeit Ihrer Katze müssten Sie also über sich ergehen lassen.

## Sterilisation und »Pille«

Bei der Sterilitation werden dem Kater die Samenstränge durchtrennt und der Katze die Eileiter. Damit ist zwar Nachwuchs sicher ausgeschlossen, aber die Tiere bleiben sexuell aktiv – mit allen Begleiterscheinungen. Und für die Katze mit einem erhöhten Risiko, an Gebärmutter- oder Zitzenentzündungen zu erkranken.

Die sogenannte Anti-Baby-Pille ist nur für Zuchtkatzen sinnvoll, die eine Weile lang nicht rollig werden sollen. Als Dauer-Verhütungsmittel ist sie wegen möglicher Nebenwirkungen (Gebärmutterprobleme, u. U. Diabetes) nicht zu empfehlen.

### Wichtig

**Kastrierte Tiere haben einen geringeren Energiebedarf und kommen daher mit weniger Futter aus (s. auch S. 44/45). Beobachten Sie also die »Katzentaille« und hängen Sie bei Tendenz zum Zunehmen den »Brotkorb« höher.**

*Katzenkinder bezaubern jeden. Doch Geburtenkontrolle tut Not.*

# Deine Katze kommt aus Afrika

Unsere heimischen Wildkatzen sind größer und schwerer als getigerte Hauskatzen und haben einen dickeren Schwanz mit stumpfem Ende. Sonst sehen sie ihnen zum Verwechseln ähnlich. Sie lassen sich aber nicht zähmen und sind mit unseren Hauskatzen nur entfernt verwandt. Die stammen zwar auch von Wildkatzen ab, aber aus einer anderen Familie: Die Vorfahren deiner Katze sind Falbkatzen aus der afrikanischen Steppe und Savanne. Sie sind kleiner und schmaler als unsere heimischen Wildkatzen und viel zutraulicher.

Als vor ein paar tausend Jahren die Menschen anfingen, Getreide anzubauen und Vorräte anzulegen, kamen die Mäuse und Ratten und machten sich über das Korn her. Die Falbkatzen folgten ihren Beutetieren auf dem Fuß und machten Jagd auf sie. Das rettete den Menschen ihr Brot, und so fing die Freundschaft zwischen ihnen und den Katzen an.

Du kannst deiner Katze anmerken, dass sie aus einer heißen Gegend kommt. Sie rekelt sich gern in der Sonne und sucht sich immer die wärmsten Plätze zum Schlafen und Dösen aus. Wie eine echte Südländerin hält sie gern stundenlang Siesta.

# Das Besondere an deiner Katze

### Wunderwerk Katzenauge

Sicher hast du schon beobachtet, dass die Augen deiner Katze im Dunkeln leuchten. Sie sind nämlich mit einer spiegelnden Schicht ausgekleidet. Die verstärkt im Dunkeln das Licht, das auf die Netzhaut trifft, wirft aber überschüssiges Licht zurück. Wenn viel Licht hereinfällt, verengt sich die Katzen-Pupille zu einem schmalen Schlitz. Im Dunkeln dagegen wird sie ganz groß und rund und fängt so auch noch das letzte Restchen Licht ein. Katzen können deshalb ohne zu blinzeln in die Sonne gucken und auch nachts gut sehen. Die Blenden-Automatik von Kameras ist übrigens beim Katzenauge »abgekupfert«.

### Warum die Schnurrhaare so wichtig sind

Deine Katze besitzt ein eigenes Radarsystem: ihre Schnurrhaare. Damit kann sie nicht nur Gegenstände und Beutetiere abtasten. Mit ihrer Hilfe fängt sie Berührungsreize auf, bevor sie irgendwo anstößt, und kann auch die kleinsten Erschütterungen der Luft spüren. Selbst in völliger Finsternis können Katzen so jedes Hindernis vermeiden und sich sicher orientieren.

### Warum Katzen Lärm hassen

Stell dir vor, deine Katze schläft tief und fest – und in 15 Meter Entfernung trippelt ein Mäuschen vorüber: Sofort ist sie hellwach! Katzen haben ein sehr feines Gehör und können mit Hilfe ihrer beweglichen Ohrmuscheln auch gut feststellen, woher die Geräusche kommen. Verglichen mit uns Menschen hören Katzen etwa dreimal so gut. Lärm tut ihren Ohren weh. Deine Katze freut sich, wenn du Musik nur mit einem Drittel der üblichen Lautstärke laufen lässt. Oder dir Kopfhörer aufsetzt. Sie kommt dann gerne auf Deinen Arm und schnurrt.

# So wirst du gut Freund mit deiner Katze

Behandle deine Katze so, wie du selbst behandelt werden möchtest. Dann kannst du nichts falsch machen.

Wenn sie gerade schläft, frisst oder sich putzt, will sie nicht gestört werden. Wilde Spiele gleich nach dem Futtern schlagen ihr auf den Magen. Gönne ihr also den Verdauungsschlaf.

Deine Katze kommt zu dir, wenn sie schmusen will. Versuche nicht, sie zu greifen und festzuhalten, denn dann bekommt sie Angst. Das hat sie noch von ihren wilden Vorfahren: In der Wildnis bedeutet Festhalten: »Du bist meine Beute und ich fresse dich.«

Spendiere deiner Katze hin und wieder ein Spielzeug, z. B. eine alte Socke, die du mit Katzenminze (Zoohandlung) gefüllt hast. Das erinnert sie an ihre Babyzeit, wenn die Mutter ihr Beute mitgebracht hat.

Spiele jeden Tag mit deiner Katze, denn das hält sie fit. Sie verfolgt gern kullernde Bälle oder tatzt nach Gegenständen, die du an eine weiche Kordel gebunden hast und vor ihr herziehst.

# Versteh', was deine Katze sagt

Deine Katze sagt: »Miau«, das heißt: «Ich will etwas von dir«.

Deine Katze sagt: »Murr«, das heißt: «Hallo.« Wenn du diesen Laut gebrauchst, wird sie ganz aufmerksam.

Deine Katze reibt ihr Köpfchen an dir oder stupst dich an, das heißt: «Ich hab' dich gern und will mit dir schmusen.«

Deine Katze schnurrt und trampelt mit den Vorderpfoten auf deinem Schoß, das heißt: «Ich fühle mich so wohl wie ein Katzenbaby bei seiner Mutter.« Katzenwelpen drücken so Milch aus den Zitzen der Mutter. Deshalb nennt man das Treteln auch »Milchtritt«.

Deine Katze hebt die Pfote, das heißt: «Gleich schlage ich zu.«

Deine Katze faucht, macht einen Buckel, das heißt: «Hör auf damit. Du machst mir Angst. Komm mir nicht zu nahe, sonst kratze und beiße ich.«

Deine Katze knurrt, das heißt: «Verzieh dich, sonst setzt es was.«

Deine Katze rollt sich auf den Rücken, das heißt: «Lass uns ein bisschen spielen.« Wenn du jetzt ihr Bäuchlein kraulst, könnte sie dich mit den Hinterpfoten kratzen. Bei Katzenkämpfen ist die Rückenlage nämlich eine Abwehrstellung. Manchmal bricht die Kampfstimmung durch. Das ist nicht böse gemeint, sei aber lieber vorsichtig.

# Serviceseiten

## Wichtige Adressen

*Deutschland*

Verein Deutscher Katzenfreunde
Postfach 740924
22119 Hamburg
Tel. 040/454842
Fax 040/44809675

Erster Deutscher Edelkatzen-Züchter-Verband e. V. (1. DEKZV)
Berliner Straße 13
35614 Aßlar
Tel. 06441/8479
Fax 06441/87413

Deutsche Rassekatzen-Union e. V. (DRU)
Hauptstraße 56
56814 Landkern
Tel. 02653/6207
Fax 02653/7371

Deutscher Tierschutzbund
Baumschulallee 15
53115 Bonn
Tel. 0228/604960
Fax 0228/60496-40

Vereinigung Deutscher Haushüter-Agenturen e. V.
Feldkamp 4
48165 Münster
Tel. 02501/7171
Fax 02501/27071

Tasso-Haustier-Zentralregister e. V.
Frankfurter Str. 20
65795 Hattersheim
Tel. 06190/932214
Fax 06190/5967

Zentrales Haustierregister
Baumschulallee 15
53115 Bonn
Tel. 01885/231414

*Österreich*

Österreichischer Verband für die Zucht und Haltung von Edelkatzen
Liechtensteinstraße 126
A-1090 Wien
Tel. 0043/(0)1/3196423
Fax 0043/(0)1/3106540

Klub der Katzenfreunde Österreichs
Castellezgasse 8/1
A-1020 Wien
Tel. 0043/(0)1/2147869
Fax 0043/(0)1/2120697

SOS-Haustierruf
Kai 37
A-5026 Salzburg-Aigen
Tel./Fax 0043/(0)662/620577

*Schweiz*

Fédération Féline Helvetique
Büntacherstraße 22
CH-5626 Hermetschwil-Staffeln
Tel. 0041/(0)56/6410612
Fax 0041/(0)56/6410614

## Weiterführende Literatur

Behrend, Kathrin: Katzen richtig verstehen, Mosaik 1994

Gerber, Bärbel: Katzen, Falken-Verlag 1984

Birr, Ursula: Die Katze in der Familie, Falken 1999

Kühl, Christian/Kauffmann, Detlef: Die Tiersprechstunde, Rasch und Röhrig 1994

Leyhausen, Paul: Katzen – eine Verhaltenskunde, Paul Parey 1979

Leyhausen, Paul: Katzenseele, Franckh-Kosmos 1996

Spangenberg, Rolf: Die Liebe der Katzen, BLV 1994

Schmitt-Hauser, Gert: Katzen, Franckh-Kosmos 1991

Turner, Dennis (Hrsg.): Die domestizierte Katze, Müller Rüschlikon 1988

*Spezialtipp für Tierfreunde:*
**Paint is black:** Lebendig und naturgetreu wirken Tiere auf Kohlezeichnungen von Martine Tunnat. Sie fertigt die Bilder nach Fotos an. Ein Porträt (Format 30x40 cm) kostet 170 Mark plus Versandkosten. (Für diesen Hinweis danken wir der Redaktion »Ein Herz für Tiere«.) M. Tunnat, Weiherstr. 2, 71546 Aspach, Tel. 07191/20975, Fax 07191/23364

Sie finden uns im Internet unter
www.falken.de

Dieses Buch wurde auf chlorfrei gebleichtem und säurefreiem Papier gedruckt.

Der Text dieses Buches entspricht den Regeln der neuen deutschen Rechtschreibung.

ISBN 3 8068 2524 6



*Titelbild:* U. Schanz, München
*Umschlagrückseite:* U. Schanz, München
*Fotos:* FALKEN Archiv/Ch. Steimer: S. 22 o.; U. Krüger, Reinbek: S. 9; alle anderen Fotos: U. Schanz, München
*Zeichnungen:* U. Farkas-Dorner, Plouray/Frankreich: S. 24, 51; E. Wagendristel, Berlin: (Kinder Spezial)



*Druck:* Appl, Wemding

817 2635 4453

# Register

# Erste Hilfe

**Regeln für das Verhalten bei einem Notfall:**

- Bewahren Sie unbedingt Ruhe!
- Beruhigen Sie das ängstliche und aufgeregte Tier, während Sie es versorgen.
- Informieren Sie sofort (!) den Tierarzt und richten Sie sich nach seinen Anweisungen.
- Verzögern Sie niemals durch eigene Maßnahmen die tierärztliche Versorgung!

**Wichtige Telefonnummern:**

- **Tierarzt:**
- **Tierklinik:**
- **Tierärztlicher Notdienst:**
- **Tiertaxi:**

## Erste Hilfe bei Unfallverletzungen

- Katze in Stoff (Decke) einwickeln, damit sie sich nicht wehren kann. Dann vorsichtig hochheben und aus der Gefahrenzone bringen. So wenig wie möglich bewegen. Transport zum Tierarzt: Katze mit gespreizten Fingern unter Brust und Hüfte anfassen, in einen stabilen Karton auf eine Decke legen. Offene Wunden abdecken.

## Erste Hilfe bei Schock

- **Symptome:** schneller, flacher Atem, rasender, schwacher Puls, kalte Gliedmaßen, starre Pupillen, Zusammenbruch. Fast alle Verkehrsunfälle, Stürze, schwere Verbrennungen und Stromschläge haben einen Schock zur Folge.
- **Behandlung:** Katze bequem auf die Seite legen, warm halten, den Kopf etwas tiefer lagern als den Körper, damit das Gehirn durchblutet bleibt. Schnellstens zum Tierarzt.